Hardy Krüger

Ein Buch von Tod und Liebe

Hoffmann und Campe

2. Auflage 2018
Copyright © 2018 by Hoffmann und Campe Verlag, Hamburg
www.hoca.de
Satz: Pinkuin Satz und Datentechnik, Berlin
Gesetzt aus der Adobe Caslon Pro
Druck und Bindung: CPI books GmbH, Leck
Printed in Germany
ISBN 978-3-455-00421-2

HOFFMANN
UND CAMPE

Ein Unternehmen der
GANSKE VERLAGSGRUPPE

Inhalt

Vorwort

von Peter Käfferlein und Olaf Köhne

Seit Jahren haben wir sein Leben verfolgt, einen Hardy Krüger, der bereits als kleiner Junge zwei große Träume träumte. Fliegen hat er wollen. Und Geschichten schreiben. Beide Wünsche wurden wahr.

In Kalifornien, wo Hardy lebt, trafen wir uns und wurden seine Co-Autoren. Und schrieben mit ihm darüber, was das Leben sich erlaubt. Neben diesem Buch stehen andere Bücher, die den Namen Krüger auf dem Rücken tragen. Viele davon kannten wir. Doch andere waren uns neu. Weil sie Hardys frühe Werke sind. Wir haben sie uns ausgeliehen. Und was wir da lasen, sprach von Krieg und Frieden, von Leben und Tod, von Begegnungen, die uns lachen ließen. Manchmal auch weinen. Geschichten, die sich abenteuerlich ergaben, wenn Hardy als Pilot mit einer Einmotorigen Menschen auf anderen Kontinenten besuchte. Wenn er über den Abschied von einer Geliebten erzählte, die in den Trümmern einer Bombennacht gestorben war. Wenn ein Tropfen in Irlands Regen rätselte, ob er sich mit anderen Regentropfen teilen wollte. Wenn ein Fremder im Sudan, der nie mit einem anderen Menschen glücklich war, zu sich selbst von Zweisamkeiten sprach.

Erzählungen – manch eine vor fünf Jahrzehnten geschrieben – von zeitloser Schönheit. Also haben wir ihn gedrängt, unseren Hardy Krüger, sein Frühwerk neu zu fassen. Mit großer Freude legen wir das Buch hier vor.

Ein Frühlingstag
wie kaum ein anderer

Der Kampf dauerte drei Tage. Am vierten Morgen war es still. Die Bauern hoben ängstlich die Luken ihrer Kartoffelkeller und sahen, dass Wexdorf heil geblieben war. Weit hinten, am Ende des Sandweges zur Donau, brannte eine Scheune.

Das Mädchen rannte durch ihr Dorf und wusste nicht, warum es so schnell lief und wohin es wollte. Es rannte einfach nur. Sonst nichts. Drei Tage Angst. Eingesperrt sein in den Keller. Stille in den Nächten. Nur die Kühe auf den Weiden hatten gebrüllt. Niemand brachte den Mut zum Melken auf.

Der alte Mann vom Postamt stellte sich dem Mädchen in den Weg. »Hilf mir mit dem Laken. Die Amerikaner sollen sehen, dass wir uns ergeben.«

Die beiden stiegen die Stufen zum Kirchturm hoch und machten das Bettlaken an der Glocke fest.

»Sieh nur das Rapsfeld an«, sagte der Alte. »Dein Vater wird sich die Haare raufen.«

»Nein, er hat damit gerechnet.«

Der Alte sah das Mädchen aus zusammengekniffenen Augen fragend an.

»Die ganze Zeit da unten in dem Keller hat er davon gesprochen, wie wichtig sein Rapsfeld für unsere Truppen ist«, sagte sie. »Es liegt hoch über der Donau, und man kontrolliert von dort die Brücke.«

9

»Vor ein paar Tagen war das Feld noch gelb«, sagte der Postbote. »Jetzt ist es aufgewühlt, zerfetzt zerrissen. Hässlich wie Furunkel. Sieh nur die Toten.«

Auf dem Rapsfeld ihres Vaters lagen viele graue Punkte.

Panzer lärmten über die Brücke. Lastwagen brachten Soldaten in großer Zahl. Die Soldaten liefen durch das Dorf und stießen Türen auf und riefen aufgeregte Worte in einer Sprache, die das Mädchen nicht verstand. Ein paar Stunden später zogen Regenwolken auf und der Alte sagte: »Ich geh mal nachsehen auf dem Feld, bevor es zu pladdern anfängt.«

»Ich komme mit«, sagte das Mädchen.

»Auf keinen Fall.« Der Alte schüttelte den Kopf. »Soldaten sind zu allem fähig. Besonders bei den Frauen. Besonders, wenn sie gewonnen haben.«

Er stieg die steile Holztreppe nach unten und ging über den Kirchplatz. Er versuchte, dabei gelassen auszusehen. Wenn er an den Fremden in ihren kriegerischen Autos vorüberging, nahm er ehrfürchtig die Mütze ab. Die Soldaten lachten über den kleinen Mann. Sie gaben sich keine Mühe, seinen Gruß zu erwidern.

Das Mädchen kauerte in der dunkelsten Ecke des Turmes und sah zu der Glocke hoch. Erst letzten Sonntag hatte sie sich an das lange Seil gehängt, und die Burschen aus dem Dorf hatten ihre Hände unter ihrem Kleid hoch- und runterrutschen lassen, und wenn die schwere Glocke das Mädchen oben behalten wollte, hatten sie sich zu dritt an das Seil gehängt und sie zu sich heruntergeholt und bei allen Heiligen geschworen, der Priester würde nichts erfahren. Fahrzeuge mit Eisenketten drückten tiefe Spuren in Asphalt, der in einem engen Bogen das Dorf durchquerte. Auf einem Schild stand, weiß auf blau: Adolf-Hitler-Straße.

Die Fremden trugen runde braune Helme. Sie drängten den Bürgermeister aus seinem Haus. Er streckte seine Hände steil in die Luft. Die Frau des Bürgermeisters rannte schreiend hinter dem kriegerischen Auto her. »Er hat doch nichts getan!« Der Bürgermeister sah sich nicht um. Die Frau ließ sich zu Boden fallen und schlug mit flachen Händen auf den Asphalt. Als niemand ihr zu Hilfe kam, stand sie auf und ging nach Haus.

Das Mädchen fror. Es wollte nach unten gehen und sich eine Altardecke holen oder das Gewand des Priesters aus der Sakristei, aber dann hörte sie, dass die Kirchentür aufgestoßen wurde und dass Männerstimmen lachten, und dann spielte einer auf der Orgel. Die Männer sangen das Lied, das die Orgel spielte. Das Mädchen begann sich zu fürchten. Mitten in den Gesang hinein donnerten Befehle. Das Mädchen hörte, wie die Männer auf die Straße liefen. Das Geräusch des Laufens war recht leise. Nicht wie bei den deutschen Soldaten, deren Nagelstiefel stets schrecklich laut auf das Pflaster geknallt waren. Die Sieger trugen Gummisohlen. Als sie davongefahren waren, wurde es still im Dorf. Das Mädchen stieg nach unten und holte sich die Decke vom Altar. In ihrem Versteck wickelte sie sich in die Decke mit der goldenen Stickerei. Sobald ihr warm geworden war, schlief sie ein. Als sie aufwachte, sah sie die Lastwagen auf dem Rapsfeld ihres Vaters. Kleine Punkte wurden aus Löchern gehoben und auf die Pritschen geworfen. Als ihre Arbeit getan war, liefen die Männer in den braunen Uniformen, als wollten sie Vorsicht walten lassen, mit langsamen Bewegungen auf den Waldrand zu. Einer von den grauen Punkten, der vorher unbewegt in dem Gelb gelegen hatte, sprang auf und wollte davonlaufen. Er kam nicht weit, denn die Braunen hoben ihre Waffen. Als sie auf den Grauen schossen, dachte das Mädchen: »Es klingt wie das Meckern einer Ziege.« Sie sah den Grauen zur Erde fallen. Die Stimmen der Jagenden lachten über den zerrissenen gelben Acker hinweg. Ihr Lachen sprang am Waldrand hoch.

Die Laster fuhren davon, und der Postbote stand allein am Rand des Ackers.

Eine Bauersfrau trat ängstlich unter den lang gestreckten Balkon ihres Hauses. Die Eichenbalken waren sorgfältig geschnitzt. Über der Eingangstür stand die Jahreszahl in Gold gemalt: Anno Domini 1861.

»Kimm außi«, rief die Frau. »Die Amis san forrrt. Auch von den Unsrigen is' koana mehr im Dorf zum sehen.«

Ihr Mann trat in die Tür und stemmte beide Hände an den Rahmen.

»Mir sollten dem Priester sogn, dass er d' Glocken lait'«, meinte er.

»Warrum?«, fragte die Bäuerin.

»Weil's Frieden is'.«

»Na«, sagte seine Frau. »Erscht ma du' mer worrt'n.«

Der Postbote kam langsam über das Kopfsteinpflaster des Kirchplatzes und hielt einen Gegenstand über seinen Kopf, der wie ein kurzes Stück Ofenrohr aussah. »Komm herunter«, rief er dem Mädchen zu. »Noch einmal die Stiegen hoch, und die Amerikaner können mich auch auf ihre Pritsche werfen.«

Im Glockenturm hingen Spinnweben. Aber es waren keine ausgedörrten Fliegen in den Netzen. Selbst die Spinnen ließen sich nicht sehen.

»Es ist noch viel zu früh im Jahr für Mücken«, dachte das

Mädchen. Dann sprang es geschickt die steilen Stufen des Turms nach unten.

Der Postmann wischte sich mit dem Handrücken über die Augen. »Die Toten auf dem Feld sind Kinder«, sagte er, »fünfzehn oder sechzehn. So alt wie du. Es schreit zum Himmel.«

Er öffnete den Deckel des kurzen, runden Behälters. »Dies hier lag unter einem Busch am Weg zum Dorf zurück.«

»Was ist das?«, fragte das Mädchen.

»Eine Gasmaskenbüchse«, sagte der Alte. »Die Gasmaske ist nicht mehr darin. Nur ein paar Kekse, zwei Bleistifte und dieses Schreibheft hier.«

Das Heft war dunkelblau, mit karierten Seiten, abgegriffen und zusammengerollt.

»Er hat die Gasmaske fortgeworfen«, sagte der Postbote. »Die Büchse war sein Versteck für dieses Heft. Einmal, im Ersten Weltkrieg, habe ich einen Kameraden gehabt, der versteckte ganze Pfunde von Kaffeebohnen in dem Behälter für die Maske.«

Das Mädchen glättete das Schreibheft auf dem Rock über ihren Schenkeln und schlug die erste Seite auf.

»Der Soldat hat eine schöne Schrift«, sagte sie.

»Hat er seinen Namen auf das Heft geschrieben?«, fragte der Alte.

»Nein«, sagte das Mädchen.

»Was steht denn drin?«, fragte der Postmann.

»Ich glaube, es geht um eine Eisenbahn«, sagte das Mädchen. Sie setzte sich auf die drei Stufen vor dem Kirchportal.

»Ich habe meine Brille nicht dabei«, sagte der Postbote. »Lies das mal für mich.«

Das Mädchen fuhr sich mit der Zunge über ihre spröden Lippen. Dann holte sie tief Luft und las auf die gleiche Weise stockend vor, wie sie noch bis vor ein paar Tagen auf Anweisung des Lehrers in der Dorfschule gelesen hatte:

Es ist Mittwoch.

Ich glaube, dass es Mittwoch ist. Vor mir zwängt sich der eine Schienenstrang in gerader Linie zwischen hässlich-armen Vorstadthäusern durch. Die Linien aus Stahl glänzen obendrauf wie Silber. Sie sind von vielen Rädern blankgefahren. Zwei perfekte Parallelen. Solche Silberparallelen wollten mir in der Schule nie gelingen. Allerdings, wenn ich Millimeterpapier verfügbar hatte, dann schon. »Zwei gleichlaufende Linien sind nur dann Parallelen zu nennen, wenn sie auf der gesamten Strecke den gleichen Abstand zueinander aufweisen.« Diese hier, Herr Lehrer, sehen nur anfangs wie Parallelen aus. Irgendwo weiter hinten werden sie zerfetzt sein, verbogen, grotesk zum Himmel zeigend. Oder aber sie sind unversehrt und bilden jene Strecke, die, parallel verlaufend, mich noch heute Nacht von hier fortbewegen wird.

Der andere Schienenstrang biegt unversehrt nach Süden ab. Er ist rostig. Gras wächst zwischen den Gleisen. Hier ist schon lange kein Zug mehr durchgefahren. Ohne Frage steht gleich hinter der nächsten Biegung ein Prellbock, der alles aufhält, was da etwa fliehen will.

Ich liege auf der steilen Böschung eines Bahngeländes. Papier und Konservendosen wachsen aus braun verdorrtem Gras an Stellen, die sonst für Blumen sind und dort schon bald auch wieder sprießen werden. Das heißt, wenn nichts dazwischenkommt.

Eine verschleierte Sonne tastet meinen Rücken ab und macht mich ein wenig warm. Nur meine Hand, die den Bleistift hält, ist noch immer kalt.

Die Offiziere haben uns befohlen, einen Brief nach Haus zu schreiben. An die Eltern, und der letzte Zug, der Post mitnimmt, sagten sie, geht morgen früh. Ich frage mich, wie kann man auf Befehl hin Briefe schreiben? Und selbst wenn es gelingt, darf ja keiner schreiben, was er denkt. Also, genau mal rumgedreht und auch gewendet: Meine Gedanken sind mir nicht erlaubt.

Wenn dieser Krieg vorüber ist, werd ich meinem Vater mal erzählen, wie wir zu dem Bahnhof hier gekommen sind. An den Kopf wird er sich fassen. Garantiert!

Wir waren eine ganze Kompanie auf Rädern. Wie eine Spazierfahrt durch den Schwarzwald sah das am Anfang aus. Dann aber hat sich einer von uns an einem Versorgungsfahrzeug festgehalten, weil es ziemlich steil bergauf gegangen ist. Irgendwann ist er gestürzt, und die Hinterräder des Lastwagens sind über ihn hinweggerollt. O Gott, hat der geschrien! Sein Schreien hab ich lange Zeit gehört. Auch als ich ihn nicht mehr habe sehen können.

Am Abend kam dann die Sache mit dem Apfelmost. Im nächsten Dorf haben uns zwei Bauern angehalten: »Habt ihr nicht Durst?«

Und ob wir Durst hatten! Alle sind abgestiegen von den Rädern. Hunderteinundzwanzig Mann. Rein ins Gasthaus. Wir haben das für Apfelsaft gehalten, als die Flaschen kamen, und gierig daraus getrunken.

Die Bauern haben laut gelacht. Das ist nämlich gar kein Apfelsaft gewesen. Er hat nur so geschmeckt! Most ist das gewesen. So nennen die Schwarzwälder ihr Getränk. Ich glaube, wenn der Saft kurz davor ist, Wein zu werden, nennen ihn die Leute Most.

Beim Treten dann in die Pedale haben meine Beine sich wie Gummi angefühlt, und in meinem Kopf schlugen mir zwei Fäuste an die Schläfen.

Wir mochten die Räder nicht mehr fahren. Wir stiegen ab und schoben und sangen laut und fröhlich unsre Lieder. Die Offiziere haben voller Wut gebrüllt, aber was konnten die schon groß machen? Ha! Herrlich! Man stelle sich das nur mal vor: eine ganze Kompanie Soldaten, ein jeder sechzehn Jahre alt, und alle stockbesoffen!

Dieses Erlebnis ist noch gar nicht lange her. In der Kaserne gaben sie mir ein Gewehr und eine graue Uniform. Seitdem bin ich eine Nummer. Auswendig kenn ich sie noch nicht. Ist auch nicht nötig, denn sie hängt auf einem kleinen Schild um meinen Hals.

Morgen, heißt es, sind wir an der Front.

Ich habe Angst vor morgen. Aber was noch schlimmer ist: Es macht mir Schmerz. Ich glaub nicht, dass es Heimweh ist. Bei Heimweh, als ich noch klein war, im Landschulheim, da hab ich weinen können. Mit dicken Tränen im Gesicht. Jetzt aber ist das nicht mehr so. Jetzt laufen meine Tränen innen. Niemand wird sie sehen. Und es gibt keinen, der mich schluchzen hört.

Ich liege hier an diesem Bahndamm ganz allein. Die anderen Jungs sind alle weg.

Unser Transport soll erst spät am Abend aus dem Bahnhof rollen. Wegen der Jagdbomber, so wird gesagt. Es heißt, dass Amerikaner nach Dunkelheit nicht fliegen. Und deshalb transportiert man uns dann eben durch die Nacht.

Die andern Jungs sind bei Frauen in der Stadt. Schon seit dem späten Morgen sind sie dort. Bei Müttern und bei deren Töchtern. Sie kamen zu dieser Böschung hier und haben meine Kameraden abgeholt. Zu ihren Häusern hin. Zu Bratkartoffeln. Und zu Spiegelei. So haben sie gesagt. Das eine oder andere Mädchen war mit ihrer Oma hier. Wahrscheinlich mussten ihre Mütter zur Arbeit irgendwo in die Fabrik. Die Mädchen waren schüchtern. Und die Frauen hatten Mitleid im Gesicht. Ja. Mitleid. In ihren Augen hab ich das gesehn. Das war der Grund, warum ich nicht mitgegangen bin. Mitleid ist, was nicht in mein Leben passt. Seit dem Tag, als mich ein Raufbold aus unsrer Straße vor meinem eigenen Elternhaus zusammenschlug, passt das nicht. Weil es dieses verdammte Mitleid war, das ich in Mutterns Augen lesen musste, als sie mir das Blut …

Donnerstag

An dieser Stelle war ein Schatten auf mein Papier gefallen. Gestern. Danach hatte ich eine Frau sagen hören: »Willst du denn ganz allein am Bahndamm sein?«

Ich drehte mich um und blinzelte nach oben. Immer wenn ich gegen so einen milchig-grell-grauen Himmel sehen muss, schießt mir das Wasser in die Augen, und das ärgert mich.

Ich weiß, dass ich beim Aufsatzschreiben Vergangenheit und Gegenwart stets durcheinanderbringe. Mit diesem Tagebuch geht mir das ebenso. Eines Tages werde ich die Fehler in diesem Tagebuch verbessern, aber jetzt scheint mir das nicht wichtig. Jetzt ist nur eines wichtig: diese Frau! Weil sie jetzt in meinem Leben ist! Und weil sie es nicht verhindert hat, dass ich in den Viehwaggon gestiegen bin zu den anderen Jungs!!! Am Abend von dem Tag von gestern hat sie es mitangesehen, wie meine Tränen innen liefen. Danach ist der Zug die Nacht hindurch gerollt. Und jetzt ist heute. Mein Rücken lehnt an einem Baum. Ich hocke am Rand von einem Wald. Über einer gelben Wiese. Der Hauptfeldwebel sagt, der Fluss da vorne, weit unter uns, ist die Donau. Das Dorf im Westen heißt Wexdorf, sagt der Hauptfeldwebel, und die Amerikaner werden nicht lange auf sich warten lassen. Jetzt aber erst noch mal zu gestern.

Die Frau am Bahndamm hatte weite Hosen an. Ihr grauer Pullover war dick gestrickt. Zopfmuster heißt die Art. Ich hatte auch mal einen. In der Kaserne haben sie ihn mir abgenommen.

Ich weiß nicht, wie ich schreiben soll, dass sie schön ist, diese Frau von gestern. Sehr, sehr schön. Eine Dame! Große Augen, glaube ich. Dunkle Haare. Und die Lippen hat sie nicht geschminkt.

Ich stehe auf, und die Dame sagt: »Du siehst traurig aus.« Sie hat Falten auf der Stirn. Es sind sehr schöne Falten. Sie sieht auf mein Oktavheft und lächelt zu mir her: »Was tust du hier so ganz allein? Zeichnen?«

»Nein«, sage ich. »Schreiben.«

»Du könntest morgen weiterschreiben«, sagt sie. »Oder an dem Tag danach.«

»Ja«, sage ich und denke: »Auch nächstes Jahr oder gar nicht mehr.«

»Alleinsein ist nicht gut«, sagt sie. »Ich weiß, wovon ich spreche.« Dann gibt sie mir die Hand: »Zieh mich hoch«, sagt sie, »die Sohlen meiner Schuhe sind aus Holz. Wenn du mir nicht hilfst, kann ich dich nicht mit zu mir nach

Hause nehmen.« Ich greife nach ihrer andren Hand und ziehe sie die steile Böschung hoch. Oben, am Rand von einer Wiese, sagt sie: »Danke. Und du kannst mir meine Hände wiedergeben.« Ich frage mich, ob sie wohl hört, wie laut mein Herz jetzt schlägt.

Ein Stück weiter gibt es einen Pfad mit Kies. Die Dame lacht mich an. Geht vor mir her. Auf der Straße durch den Ort sehe ich, dass sie groß gewachsen ist. Größer als ich. Macht nichts. In ein paar Jahren wird das anders sein. Soweit ich weiß, wächst man noch bis einundzwanzig.

In den Gassen dieser kleinen Stadt begegnen wir nur selten andren Menschen. Wer vorbeikommt, sagt »grüß Gott« und lächelt nicht.

Von meinen Kameraden ist weit und breit keiner zu sehen. Hoffentlich kuckt wenigstens einer mal aus dem Fenster. Wenn ja, dann pfeift er leise durch die Zähne. Reibt sich die Augen. Weil er meine Dame sieht.

Sie bewohnt zwei Zimmer in einem Haus, das grau und hässlich ist. In der Flurgarderobe hänge ich alles auf, was ein Soldat besitzt: Koppelzeug, Brotbeutel, Gasmaske und Bajonett, den langen Wintermantel, die Schirmmütze und den Stahlhelm. Der Karabiner 08 kommt in die Ecke.

Die Dame stößt eine Tür auf, die sicher einmal weiß gewesen ist, jetzt aber sehr viel Farbe braucht. Ich glaube, überall in Deutschland brauchen Fenster Farbe.

»Mach's dir im Wohnzimmer bequem«, sagt sie. »Ich richte mich ein wenig her.«

Ein Kanonenofen hält das Zimmer mühsam warm. Die Möbel passen nicht zusammen. Sie wirken wie bei andren Leuten abgeholt, weil Bomben und Brände alles flachgemacht haben, was vorher einmal Großstadt war. Die Dame sieht mir nicht so aus, als hätte sie mal auf dem Land gelebt.

An allen Wänden hängen Bilder. Ein Kunstbild nur, doch daneben Fotos. Viele. Und auf allen ist derselbe Mann zu sehen. Einmal steht er in der Badehose an einem hellen Strand. Dann ist er Soldat. Manchmal Offizier. Mal sitzt er auf einer Kanone und lacht, mal hat er Blumen in der Hand. »Einmarsch in Paris«, steht unter diesem Bild. Eines ist bei einem Fotografen gemacht worden, das kann man deutlich sehn. Der Mann ist Major mit vielen Orden. Er sieht ernst in die Kamera. Seine Augen sagen mir nichts, weil sie schwarz sind. Sehr sogar. Auch die Haare sind schwarz, mit einem schnurgeraden Scheitel, der wie eine weiße Narbe durch all das Schwarze geht.

In dem Zimmer wird es mir zu eng. Ich laufe auf den schmalen Korridor hinaus und seh die Dame in der Küche beim Kartoffelschälen. Sie erlaubt mir, ihr zu helfen. Ihre Hände sind so schön wie ihr Gesicht. Allerdings ein wenig rot an allen Knöcheln.

Wir essen in der Küche. Was wir essen, weiß ich gar nicht mehr. Ach ja, doch: Kartoffelsalat mit Würstchen. Wir reden nicht sehr viel. Nach dem Essen fragt sie mich: »Wie alt bist du?«

»Fünfzehn«, sage ich, »im Sommer sechzehn.«

»Lass uns auf den nächsten Sommer trinken«, sagt die Dame. Sie nimmt eine Flasche Zwetschgenwasser aus dem Küchenschrank. Ich hatte bisher nur einmal Schnaps getrunken. Auf der Hochzeit meiner Schwester. Aber das sage ich der Dame nicht, sondern nehme das Glas und schütte die klare Flüssigkeit mit einem Ruck nach hinten weg. Es wird mir warm im Magen. Heiß. Herrlich. Wunderbar.

Sie setzt sich wieder auf den Küchenstuhl. »Du machst ein Gesicht, als hättest du Gift getrunken.«

»Schmeckt auch so«, sage ich. »Der Mann auf den Fotos in der Stube – ist das Ihr Mann?«

»Ja«, sagt die Dame leise.

»Trinkt er Schnaps, ohne sich zu schütteln?«

»Ja«, sagt sie. »Er trinkt neuerdings sehr viel. Dabei kann er so gut wie nichts vertragen. Vielleicht sollte ich dir von ihm erzählen.«

Ich will gar nichts von ihm hören, aber ich sage: »Tun Sie das nur.«

Sie nickt. Erzählt. Niemals nennt sie seinen Namen. Wenn sie sagt: »Er hat das getan«, oder: »Jenes wurde ihm abverlangt«, würde ich gern versinken. Sie merkt es nicht.

Das muss ein wunderbarer Mann sein, dieser Mann. Anfangs ging es nicht recht vorwärts, doch dann trat er ein, in die Partei. Von da an ging's bergauf. Im Grunde ist er Mathematiker, Militärmathematiker, Taktiker, Denker, Schachspieler mit Soldaten. Ein Mann, der weiß, was er beschützt. Und wen er anzugreifen hat. Er weiß ja auch, warum. Nur sie, seine Frau, weiß das nicht immer. Wenn sie aus den Fenstern seiner Kaserne schaute, sah sie die raureifbedeckten Bäume rings um den Exerzierplatz rum. Er hingegen sah nur die Soldaten. Trotzdem. Er ist ein wunderbarer Mann. Wirklich. Sie hat Kunstgeschichte studiert und Literatur. Bis zur Hochzeit. Danach gab es gesellschaftliche Pflichten. Auch jene Zeit war schön. Bälle mit den jungen Fähnrichen des Mannes. Unbeschwerte Sommertage, als sie noch nicht wissen konnte, wohin dies Leben einmal führt. Sie war verwirrt, als ihr Mann erklärte, der Krieg sei gut und nicht mehr zu vermeiden. Anfangs gab es Siege. Später

Bomben. Was einmal schön gewesen war, wurde nur noch still. Einsam. Grau. Ja. So war das gewesen. Ich seh, wie sie ihren Kopf zur Seite legt.

Sie hat alles zu sich selbst gesprochen und ist dabei ganz klein geworden auf dem Küchenstuhl. Weint sie jetzt? Nein, das wohl nicht.

Ich bin müde. Die Angst ist wieder da. Mir ist übel. Vielleicht verreckt der Major jetzt irgendwo. Auch ich mag Bäume, die voller Raureif sind. Besonders, wenn eine flache gelbe Sonne sie bescheint. Ob ich ihr das sagen soll? Nicht nötig. Sie merkt ja gar nicht mehr, dass ich in ihrer Nähe bin. Gott, ist mir übel!

»Verzeihen Sie«, sage ich in die schweigende Küche hinein, »aber es wird Zeit für mich.«

Ich gehe über den engen Korridor und sammle alle Dinge ein, die ein Soldat herumzuschleppen hat. Die Hände der Dame legen sich auf meine Schultern. Sie dreht mich zu sich um. Ihre Augen sind mir nah, kommen näher, immer näher, und verschwimmen. Ein Hauch legt sich auf meinen Mund. Ihr Mund. Auf meinen Lippen, die noch spröde sind von der letzten Wache, in einer kalten Nacht, wandern spielend diese andren Lippen. Weich und zart. Die Lippen fragen, verhalten, fordern, drängen, öffnen.

Und geben.

Mir ist wie sterben.

Und dann ist es vorbei, so unverhofft, wie es begann. Ich stehe mit dem schweren Militärzeug zwischen meinen Fingern und mag die Augen nicht mehr öffnen. Mein Herz schlägt harte, schnelle Schläge durch den Kopf.

Mehr von dem Glück! Mehr! Bitte mehr!

Nichts. Das Schweigen sagt, auch Glück kann sterben.

Große Augen lächeln. Werden traurig. Eine Hand streicht durch mein Haar.

Der Lederriemen mit Gasmaske, Brotbeutel, Bajonett wiegt Zentner. Der Haken, an den ich alles hängen will, ist hoch. Ich muss mich recken.

»Was tust du?«, fragt die Dame leise.

»Ich bleibe hier«, sage ich zu ihr. »Zum Bahnhof kann ich jetzt nicht mehr zurück.«

Raureif auf den Bäumen.

Selbst im Sommer werde ich ihr Bäume silbrig malen.

»Mein Gott«, sagt die Dame. Die Hände mit den roten Knöcheln bedecken ihr Entsetzen auf dem Mund. »O du mein Gott.«

Ich warte, dass sie weiterspricht. Sie braucht viel Zeit für Worte, die mir sagen, was aus mir denn werden soll.

»Ich darf dich nicht bei mir behalten.«

»Warum nicht?«, frage ich.

»Am Bahnhof werden sie abzählen. Ein Soldat wird fehlen. Sie werden sehr schnell wissen, dass du es bist, der fehlt. Sie werden dich suchen. Und dich finden. Sie haben bisher noch jeden finden können. Und dann? Weißt du, was dann mit uns geschieht? Mit uns beiden? Du kannst es dir kaum denken.«

O doch, ich kann es mir denken. Ich habe es sogar gesehen. Die Männer hingen an Laternen. Sie trugen Schilder um den Hals. »Ich bin ein Deserteur«, oder: »Dieses Schwein hat den Führer verraten«. Wer die Toten von den Stricken schneiden wollte, wurde selber aufgeknüpft. Was sie mit den Frauen machen, hab ich nicht gesehn. Es heißt, sie würden kahl geschoren. Vor allen Leuten in dem Dorf.

Ich ziehe mir den Mantel an und schnall das schwere

Koppel um. Ich bin eine Nummer. Die Nummer baumelt auf der Blechplakette unter meinem Hals. Da werd ich wohl zum Bahnhof gehn und beim Abzählen so wie die andren sein. Und wenn der Viehwaggon dann ruckend anfährt, find ich hoffentlich eine Ecke für den Schlaf.

»Ich bin müde«, sage ich. »Womöglich liegt das an dem Schnaps.«

»Bitte versuche nicht, ein Held zu sein«, hör ich ihre Stimme sagen. »Männer sind zu Helden nicht geboren. Sie werden nur dazu gemacht. Oder sie wollen sich selbst beweisen, wie großartig sie sind. Du aber ... Ich möchte gerne, dass du lebst. Hörst du? Lebst!«

»Ja«, sage ich, »und ich würde Sie gern wiedersehen.«

In der Tür küsst sie mich ein zweites Mal. Es ist nicht wie vorher. Aber es ist gut.

»Du bist noch so unendlich jung«, sagt sie. »Die Welt ist voller Mädchen. Versprich mir, dass du leben willst.«

»Ja«, sage ich und steige vor ihr die Treppe runter.

Auf der Straße schweigen wir. Von überall strömen Soldaten auf den Bahnhof zu.

»Wir haben uns nicht mal unsere Namen gesagt«, fällt mir plötzlich ein.

»Nein«, sagt sie. »Es war wohl keine Zeit dazu.«

Ich muss zwei Unteroffiziere grüßen. Sie beachten mich kaum. Die Stimme des einen hallt durch die Gasse. »Nach all der Ziererei – was meinst du? Das Luder konnte nicht genug bekommen.«

Es will schon dunkel werden, als wir am Bahnhof sind. Hunderte von Soldaten stehen überall herum, sind bereits da, und noch mehr Frauen, noch mehr Mädchen.

»Namenloser«, sagt sie. »Sei kein Held.«

Ich seh zu ihr hoch. Vor meinen Augen ist ihr Mund.

»Versprochen?«, fragt sie.

»Versprochen«, sage ich.

Wir werden auf Befehl getrennt.

Abzählen.

Namen rufen.

»Hier« schreien.

Verladen.

Es ist ein großer Viehwaggon. Ich erkämpfe mir einen Platz in der offenen Schiebetür. Halte mich am Balken fest. Schulmädchen singen. Ihr Dialekt ist fremd. Eingehüllt in den Gesang steht die Dame, die ich nicht verlassen will. Sie singt nicht mit. Ihr Mund ist still. Der Zug ruckt an. Ich schwanke in der Tür. Wir rollen. Wo ist sie? Ach ja, dort. Da hinten. Unbewegt. Aufgerissene Mädchenmünder singen dieses Schwarzwaldlied. Im letzten Licht des Tages wird das Gesicht der Dame grün. Grau. Sieht verwaschen aus. Zuerst entschwindet mir ihr Mund. Dann die Augen. Die dunklen Haare sind für kurze Zeit noch da. Wie der Rahmen um ein schönes Bild. Dann ist sie nicht mehr zu erkennen. Sie wird zu einer von den vielen. Verschluckt von der Menge.

Ebenso wie ich.

Der Postbote hielt sich die Hand über die Augen und sah zum weißen Laken bei der Glocke hoch.

»Ich würde dieses Heft sehr gern behalten«, sagte das Mädchen.

»Ja«, sagte der Postler, »behalt es nur. Der Junge braucht es jetzt nicht mehr.«

»Du glaubst, dass er gefallen ist?«, fragte das Mädchen.

»Wir werden es nie erfahren«, sagte der Alte, »aber ich nehme an, dass er noch lebt.«

Das Mädchen sah ihn fragend an.

»Die Gasmaske lag unter einem Busch am Wegesrand«, sagte der Alte. »Vermutlich hat sich der Soldat aus dem Staub gemacht. Er hat gesehen, wie seine Kameraden von Granaten zerrissen wurden. Helden sterben hässlich.«

Er sah das Mädchen an. »Fliehen ist feige«, sagte er, »aus dem Staube machen deutet auf wahre Klugheit hin.«

»Wenn er lebt und der Krieg ist vorbei«, sagte das Mädchen, »ob er dann wohl zu der Dame im Schwarzwald geht?«

»Nein«, sagte der Postbote, »wohl kaum.«

»Warum nicht?«, fragte das Mädchen.

»Was soll der Junge tun, wenn er sie wiedertrifft und ihr Mann ist auch schon aus dem Krieg zurück?«, fragte der Alte. »Vielleicht sitzt der Mann zu Haus herum. Ein Krüppel.«

»Wie schrecklich«, sagte das Mädchen.

Der Alte schüttelte den Kopf. »Der Soldat geht sicher nicht zu ihr zurück. Er lässt sie in seiner Erinnerung weiterleben. Für immer. So schön wie an diesem einen Nachmittag.«

Das Mädchen stand auf und lief die paar Stufen hoch zu dem Portal.

»Wo willst du hin?«

»In die Kirche«, sagte das Mädchen. »Beten.«

»Worum willst du beten?«, fragte der Alte.

»Dass der Soldat sich aus dem Staub gemacht hat«, sagte das Mädchen.

Abschied

Gestatten Sie, verehrte Leser, dass ich Ihnen sage, wer ich bin. Unrast ist der Name, Vorname August, und aus der Geliebten früher Jahre, deren Bild ich mit dieser Erzählung malen will, wurde die Erinnerung an Zauber, Anmut, Rausch, Unerfahrenheit, Verwunderung und unstillbaren Schmerz.

Wir sind beide jung gewesen damals, auf eine Weise jung, die mich in meinem Alter heute, wo ich dies niederschreibe, lächeln macht, oftmals aber dann auch wieder weinen.

Ich war siebzehn. Tina kaum zwei Jahre älter. Als wir uns verliebten, sind wir beide scheu gewesen, Tina ebenso wie ich, schwindlig, manchmal atemlos. Es war der Winter von 43, das Jahr des Überwindens unserer Unerfahrenheit.

Wenn ich ungestüme Worte für das Wunder ihres Körpers finden wollte, öffnete sie mit einem stillen Lächeln ihren Mund. Als sie mir erlaubte, sie zu lieben, sah ich in ihren Augen Lichter tanzen. Bis heute kann ich den Tanz der Lichter nicht vergessen.

Es war im gleichen Winter, dem von 43, als Berlin zugrunde ging. Bomben zerfetzten alle Tage, alle Nächte ließen Häuserzeilen brennendrot zu Trümmern werden, zwischen halbaufgerichteten Ruinen stank es nach versengtem Fleisch, und von den Überlebenden gab es nicht viele, die sich eingestanden, »wir haben unser Land Verbrechern überlassen. Jetzt legt man uns die Rechnung vor.«

Tina sagte: »Ich werd dich vor dem Tod durch Bomben schützen müssen, in einem kleinen Haus, zwischen Kartoffeläckern, bei der Endstation der Straßenbahn.« Sie sagte: »Auf Miserables, wie's rostende Schienen nun mal sind, werfen Flieger sicher keine Bomben.«

Beim Stapfen durch den Schnee, einem unscheinbaren Dach entgegen, von der Trambahn in halber Dunkelheit ewig weit entfernt, hörte ich auf kurzem Atem Tina sagen: »Das Haus hat meinen Eltern mal gehört. Es ist zum Erbe geworden für ein Mädchen, das die beiden auf Händen hatten tragen wollen, weit über das Ende dieses Krieges hin, in ein neues Leben. Doch das war ihnen nicht vergönnt. Das Schicksal hat sie sterben lassen. Es ist jetzt fast schon ein Jahr her.«

Überall im Haus hingen Bilder von den beiden. Die Frau in Tinas Silberrahmen hat ein zartes Lächeln. Ich find sie schön. Ihr Trikot ist eng. Und bunt. So bunt wie das Zirkuszelt, vor dem sie steht. Auf manchen Bildern schwingt sie am Trapez. Einmal stürzt sie, lang ausgestreckt, im freien Fall einem Mann entgegen. Der Mann sieht mir wie Tinas Vater aus. Er streckt die Arme vor sich hin, der Frau in ihrem Sturz entgegen. Ich suche im Gesicht des Mannes nach einem Hinweis auf Artistentod. Auf Schreckliches in Sand und Sägespänen. Nein, läuft mir der Gedanke durch den Kopf, Tinas Vater sieht nicht wie einer aus, der dem Schicksal es gestattet, die Geliebte seinen Händen zu entreißen.

In jener Nacht, ebenso wie in den Nächten, die dann kamen, lagen wir mit offenen Augen wach. Hielten uns aus Sorge, und im Erregtsein unserer jungen Liebe, eng umschlungen. Lauschten den Kindern des vereisten Windes. Erschauerten bei dem Gesang.

In meinem Taumel, vor dem Feuer ihres Seins, hörte ich ihr Flüstern, nah an meinem Ohr: »Nicht so stürmisch, Junge! Zart!«

Manchmal liebte mich ihr Mund. Ihr Kuss ist tief in meine Seele eingebrannt. Was ich von der Liebe weiß, weiß ich von ihr.

Beim Ergrauen früher Morgen fuhr uns die Straßenbahn in eine andere Welt. In die Welt des Scheins. In die Welt des Films. Bei meiner Rolle ging's um einen, der meist fröhlich war. Stets zu Scherzen aufgelegt. Tina verdiente sich, was sie zum Leben brauchte, in der Komparserie. Ich fand sie die Schönste unter allen. Wenn ich meine Drollereien losließ, bei dem blauen Zischen großer Kohlelampen, vor der Kamera, stand sie, in tiefdunklen Schatten mehr zu ahnen als zu sehn, an eine Studiowand gelehnt. Als die Beleuchter Pause machten, ging ich zu ihr hin: »Tina … warum sind deine Eltern tot?«

»Truppenbetreuung«, sagte sie, »für Soldaten an der Ostfront, mit dem ganzen Zirkus, in einem Dorf bei Stalingrad.« In ihrer Stimme klang nichts Weiches. »Wer zurückkam, war nicht mehr am Leben, wurde hier bei uns begraben, in langer Reihe, Sarg an Sarg, Clowns, Jongleure, Löwenleute, alle.«

Ich ging aus dem Dunkel in das Licht zurück. Weil ich nicht wusste, was ich sagen sollte, ging ich aus der Hässlichkeit der Studiowand in Drollerei und Licht zurück.

Tina. Manchmal hatte sie in einem anderen Film zu sein. An solchen Tagen, wenn sie nicht da stehen konnte, in dem Dunkel an der Wand, spürte ich Verlassenheit.

In einer Mittagspause rief ich Muttern an. Im Osten. Am entgegengesetzten Ende unserer Stadt. Mutter sagte: »Deine Schwester hat sich den 24. Dezember für die Hochzeit ausgesucht. Ihr zukünftiger Göttergatte kommt nächste Woche von der Front zurück. Im Anschluss an die Trauung steigt ein großes Fest. Das heißt, falls wir den Mittagsangriff überleben.«

Am Tag der Hochzeit, Heiligabend, brachte ich Tina mit der S-Bahn in mein Elternhaus.

Vater rief: »Junge, was bist du groß geworden!«

Mutters Augen sahen müde aus, als sie das Mädchen neben mir betrachtete: »Sei mir willkommen, Tina.« Mutter ging sehr behutsam mit ihr um.

Dann stürmte Opa in die gute Stube. Er sah Tina, pfiff durch die Zähne und ging in einem weiten Kreis um sie herum. »Meeken«, sagte er, »Meeken, ich bin ein Bewunderer der Weiblichkeit. Du hast ein Gesicht wie von Michelangelo in Stein gemeißelt. Eine schlanke Taille. Ein hohes Gesäß. Und einen herrlich runden Titt.«

Oma schlug die Hände vors Gesicht. »Vater! Du machst die Kleine ganz verlegen!«

»Unsinn!«, rief er. »Wenn ich jetzt sagen würde, Mutter, du hast einen herrlich großen Titt, wärst du keineswegs verlegen. Viel eher würdest du zum nächsten Spiegel laufen, nachsehen, ob ich übertreibe!«

Tina lachte und hauchte dem alten Mann einen Kuss auf seine Backe.

Mittags gab es eine Weihnachtsgans. Meine Schwester sagte: »Bernd hat sie bei einem Bauern im rumänischen Frontabschnitt gegen Zigaretten eingetauscht.«

»Alle mal herhören!«, rief Opa. »Zur Feier des Anlasses werde ich jetzt den neuesten Witz zum Besten geben.«

»Dem Himmel sei Dank«, murmelte Oma, »ich dachte schon, er wollte mal wieder das Tischtuch unter den Tellern wegzaubern.«

»Wie muss die deutsche Weihnachtsgans beschaffen sein?« Opa sah sich in der Runde um. »Keiner weiß es? Ist doch ganz einfach«, rief der westfälische Eisenbahner, neuerdings im Ruhestand: »Fett wie Göring, schnatternd wie Goebbels, braun wie die Partei und gerupft wie das deutsche Volk.«

Ein jeder in der Stube schwieg betreten, nur Vater murmelte: »Wie wahr.«

Abends kamen Nachbarn und ein paar Freunde. Wir rollten den Teppich auf, und Mutter setzte sich ans Klavier. Es war ein wenig verstimmt.

Alle Männer wollten nur mit Tina tanzen. Meine Schwester beugte sich über mich in meinem Stuhl: »Deine erste Liebe, Bruderherz! Sie ist wundervoll. Wo hast du sie nur aufgetrieben?« Dann forderte sie: »Damenwahl!« Und holte sich mein Mädchen.

Opa rief: »Polka, Guste! Spiel mir eine Polka!« Und dann tanzten wir alle. Wir sprangen durch das Zimmer, der Fußboden bebte, ein paar Bilder fielen von den Wänden, der Perpendikel der alten Standuhr klirrte an die Scheibe seines hochgestreckten Käfigs, und dann heulten die Sirenen. Oma sagte: »Gott sorgt schon dafür, dass die Bäume nicht in den Himmel wachsen.«

Im Luftschutzkeller stand ein geschmückter Weihnachtsbaum. Auf Gartenstühlen lagen kleine Gaben. Tina rief: »Oh, unsere Geschenke sind noch oben in der Wohnung.

Ich hole sie schnell runter.« Sie lief durch die Luftschutz-
schleuse zur Treppe. Ich sah ihr Haar aufleuchten, sah den
Schein der Taschenlampe die Wand entlanglaufen, dann
sprang das Licht die Treppe hoch, ich hörte Tinas Schritte – – – und dann hörte ich den Schrei der Bombe.

Das war der Tod.

Der Schlag.

Die Detonation.

Das Bersten.

Das Beben.

Zerfetzte Luft.

Zerfetzte Ohren.

Ein zerfetztes Leben.

Mein zerfetztes Leben.

Das Ende der Welt.

Das Ende meiner Welt.

Da war ein Sog. Er nahm mir alle Kraft. Warf Staub
in meine Lungen. Schleuderte mich durch die Finsternis.
Über Treppenstufen. Gegen eine Wand.

Danach kam Licht. Herrliches Licht. Hinter dem Licht
stand Vater: »Kannst du mich hören, Junge?«

»Ja, Vater … Sind wir tot?«

»Nein. Nicht tot. Allerdings … die Großeltern hat es
schwer erwischt.« Er ließ den Schein der Taschenlampe
über meinen Kopf und Rücken laufen. »Bist du verletzt?«

»Meine Rippen, Vater. Sie werden wohl gebrochen sein.
Den Schmerz kenn ich. Vom Boxen. Wie Messer ist das.
Messer in den Lungen.«

Der Schein der Lampe über mir wollte zu der Treppe
wandern. Doch er kam nicht weit. Durch schwarzen Staub
kann Licht nicht scheinen.

Vater zog mich hoch. Wir tasteten uns zur Luftschutz-
schleuse hin. Die Stufen dahinter waren voller Schutt.

Tina.

Vater griff nach meinem Arm, aber ich wollte nach oben.

Tina!

Ich kroch über den Schutt und stieß auf einen Klotz
Beton.

»Tina!«

»Wir werden nach ihr suchen gehen, Junge. Aber erst mal
müssen wir hier raus. Und das hängt ganz allein nur von
uns beiden ab.« Vater konnte nicht richtig sprechen, denn
der schwarze Staub steckte tief in seiner Kehle. Ich kroch zu
ihm und legte mein Ohr an seinen Mund.

»Wir sind verschüttet, Junge«, kam sein Flüstern. »Über
uns müssen Trümmer liegen. Ich vermute, dass die brennen.
Fass an die Betondecke, und du kannst die Hitze spüren.
Bald wird's auch heiß hier unten sein. Und unser Sauerstoff
geht dann zu Ende.« Er hustete. »Ich habe die Schotten
untersucht. Auf allen Ausstiegen liegt Schutt. Auf allen. Nur
auf diesem nicht … hier … dem gleich hinter dir.«

Seine Lampe leuchtete zum Ausstieg hoch. Ich sah
schwarzen Staub in ihrem Kegel wirbeln. »Von oben her
kommt Luft zu uns, mein Junge. Ohne Luft würde der
Staub nicht wirbeln.«

Vater sagte, sein Körper sei zu mächtig für den engen
Schacht. Er hob mich in das Loch hinein. Ich stieß an ein
Eisengitter über mir und krümmte mich zusammen. Die
Messer stießen wieder zu. Ich wurde ohnmächtig. Vor
Schmerz.

Als ich wieder zu mir kam, spürte ich kühle Luft auf dem
Gesicht. Ich wollte hoch zu dieser Luft, aber mein Kopf

stieß an das Eisengitter. Brocken von Schutt lagen darauf. Über den Trümmern konnte ich einen feuerroten Himmel sehen.

Vater stöhnte auf. »Das ist die Rettung, Junge! Links und rechts an dem Eisengitter gibt es Riegel. Wenn du daran ziehst, gehen die Scharniere auf. Siehst du die Riegel?«

»Ich kann sie fühlen.«

»Zieh daran!«

»Ich glaub, die sind verrostet.«

»Hier ist ein Hammer. Schlag sie auf!«

Ich schlug die Riegel aus den Scharnieren und presste meinen Rücken unter das Gitter, wollte es nach oben stemmen, doch der Schmerz in meinen Lungen ließ das nicht zu, und das Gitter ließ sich nicht bewegen.

»Auf dem Gitter liegt ein Haufen Schutt«, rief ich nach unten. Vater schob eine Eisenstange zu dem schwersten Brocken hoch. »Mal sehen, ob wir den wegrollen können.«

Wir stemmten und stemmten und stemmten, aber der Brocken gab nicht nach. »Vater«, wollte ich schon sagen, »es geht nicht«, doch dann ist durch meinen schmerzzerrissenen Kopf das Bild des Oberbeleuchters bei der Ufa geschossen, und ich hab ihn wieder sagen hören: »Jeht nich – jibt's nich«, und da hab ich lachen müssen. Von unten riefen sie, im halben Irresein von Angst: »Was gibt's um Himmelswillen jetzt zu lachen?« Und es war im gleichen Augenblick, dass der Trümmerklotz beiseite rollte.

Vor Schmerz aufbrüllend, drückte ich das Gitter nach draußen und räumte mit den Händen den Schutt beiseite und zog die Verzweifelten aus dem Keller an die rauchvergraute Winterluft.

Vor dem flammenden Himmel stand nur noch die Hausfassade, stand bis rauf zum dritten Stock. An der Fassade hing unser Balkon. Ohne jeden Sinn. Neben einem Stück zerborstener Mauer brannte hell ein Bild. Ein Aquarell. Zwischen seinem Rahmen wuchsen Birken. Die Flammen leckten an den Wasserfarben und fraßen das Birkenwäldchen auf.

Ich wusste nicht, auf welcher Seite der Fassade Tina sein konnte, und stolperte über Mauerbrocken, taumelte durch heißen Schutt, spürte die Hitze unter meinen Sohlen und rief laut den Namen meiner Geliebten durch die rote Nacht.

Ich hörte die Sirenen der Schnellkommandos, kletterte ganz nach oben auf den Trümmerberg und konnte sehen, wie sie Verletzte in Rettungswagen hoben. Draht aus einer brennenden Matratze griff nach meinem Fuß. Ich stürzte über den Schutt und presste meine Stirn gegen eine zerfetzte Badewanne und rief: »Tina, ich habe Angst. Tina! Steh jetzt bitte auf der andren Seite von dem Schutt. Sieh mich hier oben liegen. Lach ganz laut mal über mich. Und ruf zu mir runter: ›Dummer Junge, du! Es ist doch alles gut!‹«

Vor einer hellen Wolke Rauch wühlten Männer in den Trümmern. Sie hatten Wehrmachtsuniformen an. Einer rief: »Hat sie ein grünes Kleid getragen? Ich meine, dieses Mädchen, das du suchst?«

Was? Welche Farbe? Welches Kleid? Ich wusste es nicht mehr.

»Komm rauf«, rief der Soldat. »Hier liegt jemand in einem grünen Kleid.«

Ich hastete den Berg hinauf.

Wir hoben einen Balken beiseite, und ich sah …, dass es … Tina war.

Ich fühlte nach ihrer Halsschlagader. Der Puls war

schwach. »Ihre Beine sind zerschmettert«, flüsterte der Mann in Uniform.

Tina hatte die Augen geschlossen. Ich wischte ihr das Blut von den Lippen, aber das nützte nichts, denn es floss immer neues Blut aus ihrem Mund. Sicher wird noch alles gut, hab ich zu ihr gesagt, denn ich sei ja bei ihr, ich würde sie auf keinen Fall verlassen, sie dürfe das aber auch nicht tun, mich verlassen, doch sie hat mich nicht gehört.

Wenn ich sie küsse, hab ich mir gedacht, dann wacht sie auf, bisher ist sie noch immer aufgewacht, da konnte sie schlafen, so fest sie wollte, aber wenn ich sie geküsst habe, ist sie aufgewacht.

Ich habe sie geküsst, bis kein Blut mehr auf ihren Lippen war, aber sie ist nicht aufgewacht.

Dann habe ich gemerkt, dass ihr kalt geworden ist, und da habe ich mich neben sie gelegt und mich ganz fest an sie gedrückt und habe meine Hände warm gerieben, und als die richtig warm geworden waren, habe ich meine Hände auf ihr kaltes Gesicht gelegt und dann habe ich sie noch einmal geküsst und da habe ich gefühlt, dass sie tot war.

Als es Tag werden wollte am Himmel, fuhr ich mit der Straßenbahn zur Endstation und lief zum Dach am Wald und suchte im Schnee nach unseren Spuren. Tauwetter hatte eingesetzt, und die Spuren waren nur noch runde Löcher.

Später, irgendwann viel später, ging ich ins Haus und legte mich aufs Bett. Ich schloss die Augen und presste ihr Nachthemd auf mein Gesicht und atmete den Duft ihres Körpers ein und wartete darauf, von ihr zu träumen. Doch sie ist nicht zu mir zurückgekommen. Am nächsten Morgen war auch das Zimmer tot.

Zwischen den Jahren nahmen wir die Dreharbeiten wieder auf. Der Regisseur sah mich traurig an: »Sollte ich dich nicht lieber nach Hause schicken?«

»Ich habe kein Zuhause mehr«, sagte ich. »Mein Zuhause war bei Tina. Ganz gleich, wo wir gewesen sind, in welcher Stadt, an welchem See, in welchem Haus.« Ich spürte, wie das Weinen kam. Als der Regisseur die Tränen sah, strich er mir übers Haar und ging leise aus der Tür.

Vor einem Grabstein mit den Namen von Tinas Eltern hockten zwei sowjetische Kriegsgefangene. Sie trugen diese speckigen, wattierten Jacken und hatten Lappen um die Füße gewickelt. Ich nahm ihnen die Spitzhacke ab und einen Spaten. Die beiden setzten sich unter eine Weide und sahen mir bei der Arbeit zu. Der Boden war hartgefroren. Nach jedem Hieb mit der Spitzhacke krümmte ich mich vor dem Schmerz in meinen bandagierten Rippen, aber ich konnte nicht zulassen, dass andere Männer die Erde berührten, mit der ich Tina zudecken wollte.

In der Friedhofsverwaltung gaben sie mir die Urne. Und eine Rechnung. Ein Geistlicher kam in das Büro, und ich sagte: »Oh, Herr Pfarrer! Könnten Sie bitte mit mir kommen und einer Verstorbenen den Segen geben?«

Der Priester sah krank aus. Er deutete auf die Urne in meinen Händen: »Dies stellt einen Verstoß gegen die Glaubenslehre dar.« In seinen Augen las ich keine Güte.

»Wir glauben an die Unsterblichkeit der Seele und an die Auferstehung des Fleisches. Wir haben den Heiland leiblich bestattet, mein Sohn, wir haben ihn nicht verbrannt. Die Heilige Kirche verbrennt ihre Toten nicht.«

»Es waren die Behörden, Hochwürden! Man hat mir die Tote weggenommen.«

Der Priester sah mich zweifelnd an.

»Die Behörden haben sie eingeäschert, ohne mich zu fragen, und außer mir gibt es niemanden mehr, den sie hätten fragen können.«

Der Priester dachte nach. »War die Verblichene eine gläubige Anhängerin unserer Heiligen Kongregation?«

»Nein.«

»Nicht?«

Ich schüttelte den Kopf. »Aber sie hat so gerne Ihre Gotteshäuser besucht. Und das Kreuz geschlagen. Sie wollte so wie andere Gläubige sein.«

»Nun wohl … Sehr schön, mein Sohn. Es ist mir jedoch versagt, der armen Seele das letzte Geleit zu geben. Wie gesagt, wir verbrennen unsere Toten nicht.«

Ich ging zum Fenster und deutete auf die Rauchschwaden über der Stadt. »Wie ist es mit Ihren Gläubigen, die dort verbrennen, Hochwürden? Bleibt denen der letzte Segen ebenso versagt?«

Ich stellte ihre Urne in die kleine Grube und warf bröckelige Erde darüber und drückte die Erde mit meinen Fäusten fest. Dann ging ich über die Straße zur Friedhofsgärtnerei. Sie hatten nur noch Alpenveilchen. Ich stellte den Topf auf ihr Grab und schlug das Kreuz. Die beiden Russen schlugen auch das Kreuz und drückten mir die Hand und nahmen ihr Werkzeug und schlurften über den Kiesweg zur Verwaltung.

Ich wartete, bis die Russen mich nicht mehr hören konnten. Dann sagte ich zu den Blumen: »Tina, mir ist das Herz kein bisschen schwer. Wenn die Leute traurig sind, dann sagen sie doch immer: ›Mir ist das Herz so schwer.‹ Bei mir ist das anders. Mein Herz ist leicht. Ich laufe herum, als wäre ich mein eigener Geist. Wirklich wahr. Ich laufe und spiele meine Szenen, und die Beleuchter denken, ich sei bei ihnen vor der Kamera, aber ich bin nicht wirklich bei den Leuten. Ich bin bei dir. Das ist wie tot sein und trotzdem auf der Erde bleiben.

Tina, die Leute sind wie große Uhren. Sie ticken sich durch die Zeit. Meine Uhr ist stehen geblieben. Heiligabend. Bei dem Stehenbleiben deiner Uhr.«

Und ich sagte: »Deshalb ist mein Herz so leicht. Ich glaube, ich habe keines mehr.«

Heute vor ein paar tausend Jahren

»Sprechen Sie mit mir«, sagte die Frau. »Ich komme aus einer Welt, in der Menschen miteinander sprechen.« Eine dunkle Brille deckte die obere Hälfte ihres Gesichtes zu.

»Wenn Sie wollen, schiebe ich Ihren Sitz noch ein Stück zurück«, sagte der Pilot. »Dann können Sie ein wenig dösen. Die Strecke vor uns ist noch lang.« Er sah aus dem Fenster. Der Urwald schien endlos, wie bei allen Flügen der letzten Jahre. Es war November und erst zehn Uhr morgens, und doch wollte der Himmel schon weiß werden. Nordwestkurs lag an. Sie flogen also von der Sonne fort, die Tragflächen des Hochdeckers sorgten für Schatten in der Kanzel, und trotzdem wurde es bereits heiß.

»Wissen Sie, dass Sie faszinierende Augen haben?«, fragte die Frau.

»Nein«, sagte der Mann.

»So hell«, sagte die Frau. »Nicht blau wie bei anderen Deutschen. Ihre Augen sind hell-hell-hell. Hat Ihnen das noch nie jemand gesagt?«

»Doch«, nickte der Mann.

»Als Sie sich gestern Abend vorstellten, war die schäbige Hotelhalle angefüllt mit Ihren Augen«, sagte die Frau. »Wie ein Schuljunge haben Sie auf dem Ledersofa gesessen. Mit kurzen Hosen und dünnen Beinen und läppischem Empfehlungsschreiben und diesen verwirrend hellen Augen.«

Der Pilot sah auf seine Instrumente.

»Wie kommt es, dass Sie keine Sonnenbrille tragen?«, fragte die Frau. »Der grelle Himmel hier ist mörderisch.«

»Ich bin daran gewöhnt«, sagte er. »Solange wir die Sonne im Rücken haben, fliege ich immer ohne Brille.«

»Und wenn Sie der Sonne folgen müssen?«

»Dann brennt sie tief in mich hinein.«

»Schmerzt das?«, fragte sie.

»Ja«, sagte er, »ganz tief hinter den Augen. Und selbst dahinter ist noch sehr viel Raum für Schmerz.« Er sah auf seine Instrumente.

»Wie kommt ein deutscher Schuljunge nach Brasilien?«, wollte die Frau wissen. Der Pilot hob die Schultern. »Ich war einmal in Ferien hier. Vor sieben Jahren. Es hat mir gut gefallen. Nicht lang danach bin ich zurückgekommen.«

»Was gefällt Ihnen an diesem Land so sehr?«, fragte sie.

»Die Endlosigkeit«, sagte er. »Nach Nord. Nach Süd. Nach Ost. Nach West. Endlos.«

»Und das reicht? Ich meine, für ein Leben?«

»Darüber habe ich noch nicht nachgedacht.«

Die Frau lachte. »Dann denken Sie mal nach.«

»Ein Pilot hat Zukunft hier«, sagte der Mann schließlich.

»Sie sind so unbeschreiblich jung«, gab die Frau zu bedenken. »Sicher gäbe es für Sie auch in Europa eine Zukunft.« Er schüttelte den Kopf. »Brasilien gibt mir vieles, was Europa mir nicht geben kann.«

»Und das wäre?«

»Mystisches. Rätselhaftes. Begegnung mit dem Unerklärbaren.«

»Und davon lassen Sie sich gefangen nehmen?«

Er lachte zu der Frau in ihrem Sitz: »Gefangen? Senhora, Sie haben für mich das falsche Wort gewählt.«

Die Frau sah von ihm fort. »Sie sind so schweigsam gewesen den ganzen Morgen. Ich hatte Grund zu glauben, Sie könnten mich nicht leiden.«

»Im Gegenteil«, sagte der Deutsche. »Mehr als Gegenteil.«

»Soll ich das als Kompliment verstehn?«

»Unbedingt«, sagte er. »Ich finde Sie sehr anziehend.«

»Das ist schön«, sagte die Frau. »Das ist viel versprechend.« Sie sah durch den Kreis des Propellers vor der Motorhaube. »Wie hoch sind wir wohl über diesen Bäumen?«

»Neuntausend Fuß«, sagte der Pilot. »Rund dreitausend Meter.«

»Aus dieser Höhe sieht der Urwald aus wie Petersilie«, sagte die Frau.

Der Mann lachte. »Kein schlechter Vergleich.« Er nahm die Karte von seinen Knien und deutete nach vorn. Durch endloses Grün schlängelte sich ein helles Band. »Rio Araguaya«, sagte er.

»Ein Fluss ähnelt hier dem anderen«, sagte sie. »Es gibt keine Straße, nach der Sie sich orientieren könnten, keine Eisenbahn und nirgendwo ein Dorf. Nichts als verfilzter Wald. Wie wissen Sie denn da um Gottes willen, wo wir uns befinden?«

Der Mann lächelte in Richtung Fluss. »Wer Jott verrrtrrraut und Brrretter klaut, der hat 'ne billje Laube«, sagte er. »Ein ostpreußisches Sprichwort. Die einzige Hinterlassenschaft meines Vaters, von ein paar anderen dummen Redensarten abgesehen.«

»Leben Ihre Eltern in Brasilien?«, fragte sie.

»Nein«, sagte er. »In Nürnberg. Mein Vater ist Beamter.«

»Bekommen Sie oft Post?«, fragte sie.

Der Pilot nickte. »Meine Mutter schreibt schöne Briefe.

Mit einer steilen Schrift. Die Buchstaben sind so eng wie die Straße, in der sie wohnt.«

Die Frau räkelte sich in ihrem Sitz. »Ich glaube, ich werde jetzt ein wenig dösen. Stört Sie das?«

»Keineswegs«, sagte der Mann. »Ich bin es gewohnt, mit mir allein zu fliegen.«

Er fiel ab auf Kompasskurs Drei Null und hörte seinem Motor zu. Die runden Knie der Frau waren voller Sommersprossen.

»Heute früh«, sagte sie unverhofft, »auf dem Flugplatz, als ich Ihre Maschine sah, wollte ich nicht einsteigen.«

»Sie haben nicht länger als achtzehn Minuten gedöst«, sagte der Buschpilot.

»Neben den Düsenriesen wirkt Ihr Flugzeug irgendwie zerbrechlich«, sagte sie.

»Da können Sie recht haben«, lachte der Pilot.

»Der schiere Wahnsinn«, sagte sie, »ein Spielflugzeug mit einem einzigen Propeller.«

»Zweimotorig würden wir uns den Hals brechen auf der Wiese, zu der Sie wollen«, sagte er.

»Wieso?«, fragte sie.

»Die Lichtung am Tapajós ist sehr kurz«, sagte er, »und hat keine Piste. Zweimotorig würden wir allenfalls reinkommen. Aber wieder raus?« Er schüttelte den Kopf.

In dem Cockpit roch es nach altem Öl und nach Benzin. Die Nadel auf dem runden Blatt des Außenthermometers stieg eilig nach rechts. Von der Nase der Frau lief ein wenig Schweiß zu ihrem breiten Mund hinab.

»Haben Sie dieses Flugzeug schon lange?«, fragte sie.

»Sieben Jahre. Seit ich in Brasilien bin. Ich habe es mir selbst aufgebaut.«

43

»Wie meinen Sie das?«

»Aus zwei alten Maschinen habe ich mir eine neue zusammengesetzt.«

»O Gott«, sagte die Frau.

»Sie brauchen keine Angst zu haben«, sagte der Mann, »es ist ein sehr stabiles Flugzeug. Eine Hundertneunzig. So was stellt heute keiner mehr her. Der Motor ist laut, also stark. Und das Fahrwerk ist robust. Außerdem haben wir ein Spornrad. Überschlagen ist ausgeschlossen.«

»Spornrad?«

Der Pilot nickte. »Hinten. Unter dem Leitwerk. Im Gegensatz zum Bugrad, also vorn. Wenn Sie mit einem Rad vorn ein Fuchsloch erwischen, bei der Landung, oder einen Maulwurfshügel, bricht es weg. Sie überschlagen sich. Uns kann das nicht passieren. Mit einem Spornrad landen wir so gut wie überall. Wenn's nicht zu schlimm kommt, auch auf einem Acker.«

»Wie beruhigend.« Die Stimme der Frau war leise. Sie nahm ihre Sonnenbrille ab. »Ich hätte in Rom bleiben sollen.«

Der Mann sah sie an. »Als ich zu Ihnen bestellt wurde, zur Vorstellung in dem Hotel, gestern Abend, hat der Hotelbesitzer mir gesagt, Sie seien Journalistin.«

Die Frau nickte. In ihrer Handtasche fand sie ein blütenweißes Taschentuch. Sie tupfte sich den Schweiß aus den Augenwinkeln. Wimperntusche malte Krähenfüße unter ihre Augen. Der Mann fand ihr müdes Gesicht … berührenswert. »Was wollen Sie am Tapajós?«, fragte er.

»Einem Gerücht auf den Grund gehen«, sagte sie. »Die internationalen Nachrichtendienste melden, dass die wilden Indianerstämme im Inneren des Landes ausgerottet werden.« Der Blick zu ihm war prüfend. »Halten Sie das für denkbar?«

Der Pilot sah durch das zerkratzte Plexiglas seines Fensters. »Ja«, sagte er.

»Halten Sie es für denkbar, dass Flugzeuge der brasilianischen Regierung Säcke mit vergiftetem Reis bei Indianerdörfern abwerfen?«

»Nein«, sagte er. »Warum sollte die Regierung so was tun?« Er schwieg eine Weile. Schließlich sagte er: »Indios werden auf andere Weise umgebracht.«

Die Hand der Frau suchte nach einem kleinen Notizblock in der Tasche des Khakihemdes über ihren Brüsten. »Erzählen Sie mir, wie!«

»Es gibt den Tod durch Kautschukpflanzer. Die Kerle gehn auf Menschenjagd.«

»Wie soll ich das verstehn?«

»Treibjagden«, sagte der Mann. Er lehnte seinen Kopf an das zerkratzte Fenster. Bei 9000 Fuß sah die grüne Matte unter ihm tatsächlich wie Petersilie aus. »Nur schießen die Pflanzer schon lange nicht mehr auf Fasane. Sie jagen Indios durch den Busch. Und knallen sie ab. Wie Hasen.«

»Das kann nicht wahr sein!«, rief die Frau.

»Wahr? Wenn Sie wüssten, was da unten alles wahr ist …« Er streckte seinen Rücken so weit nach hinten aus, wie der Sitz aus Eisenrohr und Zeltplane es erlaubte. »Es geht mich nichts an, aber Sie hätten nicht nach Brasilien kommen sollen. Der Auftrag, den Sie haben, ist kein Auftrag für eine Frau.«

»*Mundo macho*«, lachte die Journalistin. »Mein Boss hätte einen Mann schicken sollen, oder?« Das Lachen klang hart. Sie nahm einen Fotoapparat aus der Tasche zu ihren Füßen.

»Ja«, sagte der Pilot. »Ein Mann wäre geeigneter gewesen.« Es machte ihm nichts aus, fotografiert zu werden. Er sah auf die Uhr. Dann nahm er das Mikrophon vom Haken und drückte auf die Sprechtaste. »Belém Control von Papa Papa Delta Victor Yankee. Stundenreport. Neuntausend. Kurs Drei Null. Sonst nichts Neues. Gibt's bei euch was Neues?«

»Auch nichts Neues«, sagte die Stimme aus Belém. Der Pilot hängte das Mikrophon zurück an den Haken.

»Halten Sie es für denkbar, dass Frauen auf einigen Gebieten ebenso erfolgreich sein können, wie es Männer manchmal sind?«, fragte die Journalistin.

»In Rom ja. In Rio auch«, sagte der Mann. »Am Tapajós nein.«

Die Zeit lief über das schwarze Ziffernblatt der Borduhr. Der Pilot war dankbar für ein wenig Schweigen. Die Sonne stieg auf Mittag zu. Sie hatte sich nach vorn gedrängt. Die ersten Ränder ihrer steilen Strahlen brannten durch das Plexiglas.

»Wollen Sie wissen, warum ich Sie gechartert habe und nicht einen der anderen Piloten, die sich vor mir aufreihten?«, fragte die Journalistin.

»Nein«, sagte der Pilot, »ich bin nicht neugierig.«

»Oh, jetzt ist der Schuljunge verärgert!« Die Frau lachte. »Seine Unterlippe steht nach vorn. Entzückend!« Sie lehnte sich in den Sitz aus Eisenrohr und Zeltplane zurück. »Der Hotelmensch sagt, Sie hätten ziemlich lange unter Indios gelebt. Stimmt das?«

Der Mann nickte.

»Er sagt, Sie könnten sprechen wie ein Indio.«

»So gut wie jeder Stamm hat seine eigene Sprache«, sagte der Pilot.

»Und Sie sprechen einige davon?«, fragte sie.

»Nur eine.« Sein Hemd klebte nass auf seinem Rücken. Er deutete mit dem Kopf auf den Urwald ohne Ende. »Sie werden sich da unten einsam fühlen.«

Die Frau folgte seinem Blick. »Das wäre keine Neuigkeit in meinem Leben.«

Der Mann nahm die Fliegerkarte. »Eine andere Art von Einsamkeit«, sagte er leise. »Die Einsamkeit des sprachlosen Denkens.«

Er holte die heiße Luft in seine Lungen.

»Was erwartet mich da unten?«, wollte die Journalistin wissen. »Ich meine, mich, als Frau? Als weiße Frau? Werde ich meinen Buschpiloten anzuflehen haben, mich zu schützen? Die unzivilisierte Brunft wilder Indianer von mir abzuwenden?«

Der Pilot legte seinen Kopf von einer Seite auf die andere. »Es war nicht ernst gemeint«, sagte die Frau.

»Will's hoffen«, sagte der Pilot.

Die Frau lachte. »Meine Phantasie ist mit mir durchgegangen.«

»Phantasie?«

»Ja. Ich habe mich im Staub gesehen.«

»Im Staub?«

Sie nickte. »Kniend. Unter dem Blick des Mannes mit den hellen Augen. Flehend. Seinen Schutz anrufend. Seinen Schutz vor der Geilheit rothäutiger Wilder im Dunkel eines grünen Daches aus Urwaldblättern.« Sie lächelte vor sich hin.

Er fand ihr Lächeln liebenswert.

»Jetzt aber ernsthaft«, sagte sie, »was erwartet mich da unten?«

»Am Tapajós?«

»Ja.«

»Liebenswerte Menschen«, gab der Pilot zur Antwort, »sanfte Menschen. Das ist es, was Sie da erwartet.«

»Können Sie das für alle Indios sagen?«

»Nein. Nicht für alle. Sie haben mich nach den Menschen gefragt, denen Sie begegnen wollen. Am Tapajós.«

»Erzählen Sie mir, wie die sind.«

Der Pilot dachte nach. »Wo soll ich beginnen?«

Die Frau neben ihm lachte wieder. »Am Anfang. Wo denn sonst?«

Der Mann warf einen Blick zu ihr hin. »Es gefällt mir, wie Sie lachen.«

»Vielleicht sollten wir das gemeinsam tun«, sagte die Frau. »Ab jetzt.«

»Lachen?«

»Lachen. Wenn Menschen miteinander lachen, kommen sie sich näher.«

»Ich glaube, da haben Sie recht«, sagte der Pilot.

»Wie schön«, sagte die Frau.

»Wie schön was?«

»Dass wir endlich einer Meinung sind.«

Der Pilot ließ einen Blick über die Instrumente laufen. Dann sah er sich den Stand der Sonne an. Und warf einen Blick nach unten. Der Schatten der Maschine eilte, seitwärts verstellt, über grünen Wald. »Wir scheinen Seitenwind zu haben«, sagte er.

»Wie ist es also mit den sanften Indios dort?«, rief ihn die Römerin zurück zu ihrer Frage.

»Der Stamm da vorn am Fluss«, begann der Mann neben ihr zu berichten, »der Stamm ist so genügsam wie unsre Vorfahren, als die noch in der Steinzeit lebten. Selbst das

Rad haben die Menschen dort bis heute nicht für sich erfunden. Für Textilien gilt das gleiche. Sie müssen sich die Menschen dort bar jeder Kleidung denken. Ihr Körperbau ist kräftig. Ich seh mir ihre Körper gerne an.«

»Weiter«, forderte die Journalistin.

»Die Menschen gehen gefühlvoll miteinander um.«

»Wie schön. Und sonst?«

»Wenn die Frau sagt, dass die Kinder hungrig sind, macht der Mann Jagd auf Fisch. Mit Pfeil und Bogen.«

»Und die Frau?«

»Kocht über einem Feuer. Spielt mit den Kindern. Plappert mit den Freundinnen. Wenn sie sich gegenseitig kämmen. Indiofrauen haben schönes Haar. Blauschwarz. Lang, bis weit hinunter über ihre Rücken. Auf der Stirn schneiden sie es ab, in einer geraden Linie. Ponys also, wie bei den Frauen in Europa auch.« Der Mann sah die Römerin an und lachte.

»Was freut Sie so?«, fragte die Journalistin.

»Ich stelle mir die Begeisterung vor, wenn Indiofrauen die Sommersprossen von dem Körper einer Römerin kratzen wollen und verwundert sehen, dass die rötlichbraunen Sterne festgewachsen sind.«

Die Frau drehte ihm ihr Gesicht zu. Ihr Mund stand fragend offen.

»Sie sind von Natur aus rothaarig. Oder nicht?«

»Allerdings.«

»Wenn die Indios das rötlichkrause Haar auf Ihrem Venushügel entdecken, werden sie an Zauberei denken. Oder an Feuer.« Der Pilot lachte. »Feuer zwischen den Beinen einer Frau! Es würde mich nicht wundern, wenn die Indios das bei Ihrem Anblick einander zuflüsterten.«

Die Frau besah sich die Sommersprossen auf ihren Härden und den runden Knien. »Wenn ich prüde wäre und wir säßen in einem Taxi, würde ich sagen, halten Sie an, ich steige aus!«

»Die Farbe Ihrer Schamhaare ist für die Indios eine Neuheit, verstehen Sie das nicht?«, fragte der Pilot. »Indiofrauen sind zwischen ihren Beinen unbehaart.«

»Es muss an Ihrem Charme liegen«, sagte die Frau. »Ich kann Ihnen nicht böse sein.«

»Ihre Illustrierte hätte tatsächlich einen Mann schicken sollen. An nackte weiße Männer sind die Indios gewöhnt. Ab und an kommt ein Buschpilot vorbei, so wie ich. Oder ein Wissenschaftler. Eine nackte weiße Frau haben die Leute am Tapajós bisher noch nicht gesehen.« Sein Motor lief rund und ruhig. Der Öldruck war normal. Die Temperaturanzeige auch.

»Warum schweigen Sie mit einem Mal?«, fragte die Frau.

»Weil es nichts zu sagen gibt.«

»Sie sind entzückend«, sagte die Frau. »Glauben Sie, ich hätte mich auf diesen Auftrag nicht vorbereitet? Natürlich weiß ich, dass die Wilden splitterfasernackt herumlaufen. Aber warum muss ich das tun?«

»Senhora«, sagte der Pilot, »Sie haben mich und mein Flugzeug gechartert. Sie bezahlen uns pro Stunde. Falls Ihnen meine Konversation nicht gefällt, beschränke ich mich aufs Fliegen.«

»Wenn ich einen Bericht über einen Mörder schreibe, lasse ich mich auch nicht in die Todeszelle neben ihn sperren«, sagte die Frau.

»Vielleicht sollten Sie das tun«, sagte der Mann. »Es könnte ein guter Artikel werden.«

Die Frau sah ihn eine Weile schweigend an. Ihre Stimme

war leise, als sie weitersprach. »Träumen Sie davon, meinen Körper bar jeder Kleidung greifbar nahe neben sich zu haben?«

Der Pilot angelte einen zerknautschten Filzhut unter dem Sitz hervor und stülpte ihn sich tief in die Stirn.

»Ist es das, was Sie wollen?«

»Nein«, sagte er. »Ich will nur, dass der verdammte Fluss endlich in Sicht kommt.«

Die Frau nahm ihren Blick nicht von dem Mann. »Wollen Sie sich daran ergötzen, wie ich im Evaskostüm unter den Eingeborenen herumhüpfe, ausgestattet lediglich mit Bleistift und Papier?«

Die Frau strich ihr Taschentuch auf ihren Knien glatt. Es war nicht mehr weiß.

»Was kosten Sie pro Stunde als Dolmetscher?«, fragte sie hinein in das Schweigen neben ihr.

»Nichts«, sagte er. »Außer Ihren Fragen wird es nichts zu übersetzen geben. Ihre Fragen gebe ich kostenlos weiter.«

»Sie meinen, ich erhalte keine Antwort?«

»In den ersten Tagen nicht.«

»Dann aber ja?«

»Dann ... vielleicht.«

»Auf den Fotos, die man mir in Brasilia zeigte, leben die Indios in einer Gemeinschaft von zehn oder mehr Familien unter einem einzigen, lang gestreckten, sehr hohen Dach aus Schilf«, sagte die Frau.

»Ja«, antwortete der Pilot. »Jede Familie hat ein eigenes Feuer brennen unter diesem Dach. Rings um die Feuer sind Hängematten festgezurrt, Matten, die aus dickem Bast geflochten sind. Oben schläft der Mann. Darunter ist die Hängematte der Frau gespannt. Neben den Eltern hängen die Matten der Kinder. Die Feuer gehen niemals aus. Der Qualm brennt in den Augen. Fürchterlich. Aber er vertreibt auch die Moskitos.«

»Und wo schlafen wir beide … rein praktisch gesprochen … heute?«, fragte die Frau. »Es ist kaum anzunehmen, dass es ein Dach für Gäste gibt.«

»Nein«, sagte der Mann. »Wir suchen uns einen Platz irgendwo zwischen den Familien.« Er deutete mit dem Kopf nach hinten. »Ich habe Hängematten hinten bei den Koffern.«

»Auch Wolldecken?«, fragte sie.

Er schüttelte den Kopf. »Zu heiß für diese Gegend. Selbst nachts. Ich habe dünne Laken mitgebracht. Das ist das Richtige.«

Die Frau lockerte den Gurt und zog ihre Beine auf den Sitz. Schweiß malte eine dunkle Landkarte auf das Hemd zwischen ihren Brüsten.

»Ich habe zwei volle Tage für die Recherche eingeplant«, sagte sie.

»Was? Zwei Tage? Für die Suche? Suche nach Gift und Reis? Verstreut im Dschungel? Ringsumher?« Der Pilot lachte.

»Wir suchen nicht«, meinte die Frau, und der Pilot fand ihre Antwort befehlerisch, »wir fragen. Wie wär's, wenn Sie die Antworten der Menschen zum Thema Tod und Gift für mich übersetzen würden?«

»Gern. Doch nicht in der Kürze von zwei Tagen! Da unten wächst Vertrauen … Wahrheit … auf dem Boden von sehr viel Zeit.«

Die Frau schwieg. Der Mann zog ein Handtuch hinter seinem Sitz hervor und wischte sich die Handflächen damit trocken. Die Frau betrachtete die Ölflecken auf dem Tuch. »Ich erwarte nicht, die Wahrheit herauszufinden«, sagte sie dann. »Von Wahrheit will der Leser kaum mehr etwas wissen.«

»Nein?«, fragte er.

Sie schüttelte den Kopf. »Die Suche nach der Wahrheit genügt dem Leser schon.«

»Das ist schlimm«, sagte der Mann.

Sie nickte. »Habe ich auch einmal gedacht. Jetzt bin ich daran gewöhnt.« Sie lächelte. »Es wird ein guter Artikel werden. Die Suche war dornenreich, verstehen Sie?«

»Nein«, sagte der Pilot.

»Überschrift: Einmotorig auf dem Weg zu den Indios in Zentralbrasilien«, sagte die Frau. »Untertitel: Weiße Frau unter Rothäuten. Zwischentitel: Mein Beschützer, der Buschpilot.« Sie zog ihre Unterlippe durch die Zähne. »Der Aufmacher dazu … das Foto … zeigt mich und den Deutschen mit den hellen Augen in unseren Hängematten.«

»Senhora«, sagte der Pilot, »mit dem Festzurren der Matten für das Foto gehen Sie aber besser sorgsam um.«

»Wie das?«, fragte die Frau.

»Für die Indios sind wir zwei furchteinflößende Wesen, die durch die Luft zu ihnen kommen«, sagte der Mann. »Danach aber, am Boden, betrachten sie uns, als wären wir kaum mehr anders, als sie es sind.«

»Nun ja … Warum auch nicht?«

Der Pilot warf einen langen Blick zu ihr hin. Es war, als wolle er den nächsten Satz nicht sagen.

»Raus mit der Sprache«, forderte die Römerin.

»Die Art, wie wir unsere Hängematten hängen, verrät ihnen, wie wir beide miteinander sind.«

»Das ist ja allerliebst«, sagte die Frau. »In welchem Verhältnis hätten Sie's denn gern, dass ich zu Ihnen schlafe?« Der Mann schüttelte den Kopf und schwieg.

»Unser Sinn für Humor ist leider sehr verschieden«, sagte sie, »es lag nicht in meiner Absicht, Sie zu verletzen.« Sie wischte mit ihrem Taschentuch den Schweiß vom Hals des Mannes. Und ließ sich Zeit dazu. »Ich stelle mir meine Hängematte ganz nahe dran an Ihrer vor.«

»Und wo?«, wollte er wissen.

»Nebeneinander. Wo denn sonst?«

»Das wäre für die Indios fremder noch als fremd.«

»Dann hängen Sie meinetwegen Ihre Matte oben hin und meine unten!«, rief die Frau. »Mein Gott, das kann doch nicht so wichtig sein!«

»Doch«, sagte der Pilot. »Wenn Sie es zulassen, dass ich meine Hängematte über der Ihrigen festmache, sind wir verheiratet.«

Die Frau stieß ein Kichern aus. »Jetzt hören Sie aber auf!« Der Pilot sah auf die Borduhr. »Noch eine Stunde fünfzig Minuten, und Sie befinden sich unter einem Dach mit Menschen, die auf diese Weise heiraten«, sagte er.

»Faszinierend!«, rief die Journalistin. »Dann werde ich wohl besser in einer Folge meines Berichtes dies gänzlich Neue an den Anfang stellen. Etwa so: ›Der junge Indio, den wir lieb gewonnen haben, geht zur Familie des Mädchens am anderen Ende des langen Daches, hockt sich ans Feuer und fragt die Eltern, ob er seine Matte über die der Tochter hängen darf.‹ Richtig?«

»Falsch.« Der Pilot rieb seinen Nacken an dem Eisenrand des Sitzes. »Durch Rom fließt ein anderer Fluss. Nicht der Tapajós. Das ist es eben.«

»Sie meinen, am Tapajós fragt man nicht erst lange?«

Der Mann neben ihr stieß einen leichten Seufzer aus. »Sie müssen sich das so vorstellen«, sagte er dann gutmütig. »Indiomädchen sind fast den ganzen Tag am Fluss. Sie waschen Töpfe. Oder schwimmen. Es ist eine heiße Gegend. Heiß und staubig. Die Mädchen erfrischen sich am Fluss. Und wenn die Männer durstig sind, gehen sie auch zum Tapajós hinunter. Im Dorf sind keine Brunnen. Indianer kennen keine Wasserhähne. Die Menschen schwimmen in den Fluss hinaus und lassen sich das Wasser in die Münder laufen.«

»Erzählen Sie weiter«, bat die Frau. »Ich nehme an, der Junge und das Mädchen treffen sich oft an diesem Fluss.«

»Ja«, sagte der Pilot. »Ab und an sprechen die beiden miteinander. Oder sie lächelt ihn an. Bei Dunkelheit hockt er vor seinem Feuer. Er sieht ihr zu, wie sie, ein Stück entfernt, im Licht der Flammen des elterlichen Feuers, ihren Körper mit Öl einreibt. Sie wird zwölf Jahre alt sein. Vielleicht auch vierzehn. Der Bauch des Mädchens ist noch flach, nicht etwas vorgewölbt wie bei den Frauen, die ihren Männern bereits mehrfach Kinder gaben. Die Unschuldig-Junge hat kleine, feste Brüste. Bevor sie einschläft, wandern ihre dunklen Augen zu dem Feuer hin, an dem der Junge sitzt. Der Indio glaubt nun zu wissen, dass sie ihn mag. Er braucht sich keine Worte für die Eltern der Kleinen auszudenken. Wenn er sein Bündel nimmt und zu dem Mädchen geht, hat er keinen Bankauszug bei sich. Muss die Eltern nicht um ihre Tochter bitten. Er knüpft ganz schlicht seine Matte über der des Mädchens fest. Sollte die nun aber rufen: ›Geh fort von hier, ich will dich nicht‹, kommt wildes Gelächter von den anderen Hängematten und der junge Mann muss warten, bis der Wind nach vielen Monden das Lachen davongetragen hat. Erst dann kann er sich eine andere suchen.«

»Wenn er sich aber in die Matte oben legt und das Mädchen unter ihm sieht schweigend zu, ist der Bund besiegelt. Richtig?«

»Richtig«, sagte der Pilot. »Senhora, unter Ihrem Sitz ist was zu trinken. Mein Mund ist hart wie Stein vor Durst.« Sie gab ihm die zerbeulte Aluminiumflasche. »Whiskey?«, fragte sie.

»Wasser«, sagte er, »sicher schon etwas abgestanden. Wollen Sie trotzdem einen Schluck?«

»Nein, danke. Was aber geschieht«, wollte sie dann wissen, »was geschieht, wenn ich es bin, die meine Matte oben über Ihre hängt?«

»Heiliges Ofenrohr!«, lachte der Pilot, »auf so eine Idee kann nur eine Frau aus Italien kommen!«

Die Frau lachte auch. »Dann hängen Sie doch Ihre Matte auf, wo Sie wollen!«, rief sie laut. »Von mir aus über mir im ersten Stock! Ich werde meinem Mann verschweigen, dass ich am Rio Tapajós zur Bigamistin wurde.«

Der Pilot nahm seinen Schlapphut ab und wischte sich mit dem Ärmel die Stirn trocken. »Drehn wir den Spieß jetzt einmal um«, sagte er.

Die Frau umschlang die Knie mit ihren Armen. »Und wie?«

»Nehmen wir mal an, ein Indio kommt nach Rom, weil er einen Artikel für das Tapajós-Tageblatt zu schreiben hat«, sagte der Pilot. »Seine Frau lässt er bei den Kindern in Brasilien.«

»Ich sehe, dass Sie doch Humor haben«, sagte die Frau.

»Es wäre besser, Sie hörten mir gut zu«, forderte der Pilot.

»Der Indio lässt sich in Rom mit Ihrer Sekretärin trauen. Im Petersdom. Vom Papst. Die Wahrheit ist: Er will die Sekretärin gar nicht haben. Was er haben will, ist Zugang zu den hoch gestellten Kreisen. Das ist der Grund, weshalb er sich ein zweites Mal ehemäßig bindet. Wenn er dann in die Alitalia steigt, nimmt er sich vor, der Indiofrau daheim nicht zu gestehen, dass er in Rom von Berufs wegen zum Bigamisten wurde.«

»Sie sind ein Moralist«, sagte die Frau.

»Nein«, sagte der Pilot. »Empfindsam. Ebenso wie die Indios da unten.«

Die Frau schrieb ein paar Worte in ihren Notizblock, strich den Satz dann aber aus. »Hat ein Indiomann das Recht auf viele Frauen?«

»Nein«, sagte er, »im Gegenteil. Die Leute sind eher monogam.«

»Das klingt zu schön, um wahr zu sein.« Die Frau legte ihre Hände flach zwischen ihre runden Knie. »Wie gut ist so ein Indiomädchen in der Hängematte?«

Der Mann gab keine Antwort.

»Herrgottnochmal! Es ist mein Beruf, Fragen zu stellen!«

»Sie fragen hässlich«, sagte der Pilot. »Wollen Sie Noten verteilen? Gut in der Hängematte, besser, am besten?«

»Ernsthaft«, sagte die Frau, »es muss unbequem sein für die Indios, sich in Hängematten zu lieben.«

»Der Fluss hat Inseln.« Sein Satz kam barsch. »Und im Urwald gibt es Lichtungen.«

»Sie malen da ein Bild wie … wie Paradies.«

»Schon. Aber eins für Anspruchslose.«

»Abgesehen von *l'amore* … auf einer Lichtung? Tief im Wald?«

»Abgesehen von dem Wenigen, was einer Römerin gefallen kann.«

»Versuchen Sie das mal bei mir zu ergründen.«

»Als Nahrung schwarze Bohnen, morgens, mittags, ebenso wie abends.«

»Und sonst?«

»Fische, Maniok und eine wilde Frucht, die Figi heißt.«

»Und außerdem?«

»Keine Autos, keine Cocktails, keine Kleider.«

»Haben Sie nicht den Schmuck vergessen?«

»Das ist wahr.« Eine Zeit lang verlor der Mann sich in Gedanken. Dann sagte er: »Manche Mädchen tragen Ketten über ihren Brüsten. Aus Muscheln sind die gemacht. Wenn ein Mädchen zur Frau wird, in der Ehe, windet sie sich ein dünnes Band aus Bast um ihre Taille, zwischen den Beinen hindurch, und lässt es im Rücken steil nach oben stehn. Wie ein kokettes Schwänzchen. Es sieht lustig aus.«

»Erzählen Sie mir von den Männern«, forderte die Journalistin.

»Auch die Männer schmücken sich mit Muscheln, fast auf gleiche Weise wie die Frauen. Wenn es ein Fest zu feiern gibt, tragen sie bunte Federn auf ihren Köpfen. Bevor sie durch den Urwald laufen, wickeln sie sich gefärbte Baststreifen um die Waden. Als Schutz gegen tiefwachsende Dornen in dem Wald. Ansonsten bleibt der Körper des Mannes unbekleidet. Penis inbegriffen. Der Penis ist nackt und ungeschützt.«

»Merkwürdig«, sagte die Journalistin. »Warum wohl?«

Der Pilot hob die Schultern. »Es hat nichts zu bedeuten. Der Penis wird keineswegs zur Schau gestellt. Aber er wird auch nicht schamhaft versteckt. Er ist ganz einfach da. Wenn die Frau ihn will, kann sie ihn bekommen.«

Die Journalistin machte sich Notizen. »Haben die Indianer Pferde?«, fragte sie.

»Nein. Einbäume. Pferde würden ihnen gar nichts nützen in dem dichten Wald.«

»Besuchen sich die Stämme niemals untereinander?«, fragte die Frau.

»Selten«, sagte der Mann. »Wenn sie's tun, gehen sie zu Fuß. Oder sie tragen ihre Einbäume den Fluss hinauf. Auf dem Heimweg lassen sie sich mit der Strömung treiben. An solchen Tagen tragen sie ihren Kopfputz. Gelbe und blaue Papageienfedern.« Er nahm das Mikrophon vom Haken. »Belém Control. Papa Papa Delta Victor Yankee. Stundenreport. Neuntausend. Kurs Drei Null. Sonst nichts Neues. Habt ihr was für mich?«

»Auch nichts Neues«, sagte die Stimme aus Belém im Lautsprecher. »Der Pilot auf Victor Yankee … Dem Flugplan nach heißt der Mann Roden. Korrekt?«

»Korrekt«, antwortete der Pilot.

»Hermannos Roden. Korrekt?«

»Korrekt«, bestätigte der Pilot abermals.

»Ihr Flugplan weist Campo Kumaka als Zielort aus. Unverändert. Bestätigt?«

»Bestätigt«, sagte der Pilot.

Im Lautsprecher knackte und krachte es, und ein paar weit entfernte Stimmen sprachen mit anderen Maschinen. Der Pilot war über das Schweigen verwundert. Er musste lange warten.

»Die Indios werden Sie vierteilen«, sagte Belém schließlich.

»Warum?«, fragte der Pilot.

»In den Zeitungen stand was von Ärger, damals. Ärger mit den Wilden am Campo Kumaka. Irre ich mich da?«

Der Pilot sah eine Weile geradeaus. Dann drückte er auf die Sprechtaste. »Nein«, sagte er.

»Halten Sie es für richtig, sich da wieder sehen zu lassen?«, fragte Belém.

»Ja«, sagte der Pilot.

»Sind Sie bewaffnet?«, fragte Belém.

»Nein«, sagte Hermannos. »Haben Sie sonst noch was für mich?«

»Nichts«, sagte die Stimme.

Der Pilot sah das Radio eine Weile an. Dann schaltete er es aus.

Die Frau nahm ihre dunkle Brille ab. »Was hat das zu bedeuten?«

»Machen Sie sich keine Sorgen«, sagte der Mann.

»Ich habe Angst«, sagte die Frau.

»Müssen Sie nicht haben.«

»Ich will wissen, was das zu bedeuten hat«, rief die Frau. »Ich habe ein Recht darauf!«

»Ja«, sagte er, »das haben Sie. Aber Sie brauchen sich wirklich nicht aufzuregen. Seit damals ist viel Zeit vergangen.«

»Was heißt das, seit damals?«, fragte die Frau erregt. »Entweder ich erhalte Antwort, oder Sie bringen mich augenblicklich zum nächsten Flughafen zurück!«

»Senhora«, sagte der Pilot, »in der zweiten Feldflasche unter Ihrem Sitz ist Rum. Rumverschnitt. Eigentlich für Notfälle an Bord. Aber genehmigen Sie sich mal einen kräftigen Schluck. Wegen meiner Antwort.«

Die Frau fand die Aluminiumflasche und füllte den

Schraubbecher bis zum Rand. Ihre Hände zitterten. Sie trank den Becher leer und füllte nach. Als sie zu ihm hinsah, sagte der Pilot: »Es ist drei Jahre her. Ich war auf dem Heimweg von Peru und suchte eine Lichtung im Wald zur Zwischenlandung. Auf dem Rücksitz hatte ich ein Fass Benzin festgezurrt. Ich musste den Sprit nach oben pumpen, in die Flächentanks. Dazu brauchte mein Flugzeug eine Wiese. Und ich brauchte eine Mütze Schlaf. An jenem Abend fand ich die Lichtung, zu der ich Sie jetzt bringe. Ich bin der Erste gewesen, der da runtergegangen ist. Das wird von niemandem bestritten. Später gab man der Lichtung den Namen Campo Kumaka. Man hätte sie eigentlich nach mir benennen sollen. Weiß der Teufel, wer dieser Kumaka gewesen ist. Klingt japanisch, finden Sie nicht?«

»Wollen Sie auch einen Schluck?«, fragte die Frau. »Vielleicht brauchen auch Sie ein wenig Mut für Ihre Geschichte.« Sie gab sich Mühe mit ihrem Lächeln.

»Ich trinke nicht.« Der Mann schüttelte seinen Kopf. »Nicht mehr. Wie gesagt … Ich fand die Lichtung damals. Die Indios standen schweigend vor mir und meinem Flugzeug. Sie nahmen mich freundlich auf. Fast ehrerbietig. Ich war für sie der Vogelmensch. Eine Art Halbgott. Linienflugzeuge, die in großen Höhen fliegen und weiße Streifen in das Blau des Himmels schneiden, sahen sie fast täglich, und wenn das geschah, rätselten sie daran herum, ob diese Silberpunkte im Blau des Himmels Sterne sind, noch dazu welche, die sich bewegen. Ich aber war der erste Vogelmensch, der sich zu ihnen hinabbegab.

Am nächsten Morgen flog ich weiter. Der ganze Stamm stand schweigend am Rand des Urwalds. Männer, Frauen, Kinder. Auch ein paar Hunde. Sie sahen dem Vogelmenschen zu, der unerträglich Lärm machte und Sturm peitschte, durch das Gras, und sich schließlich in den Himmel hob. Niemand winkte einen Abschiedsgruß.

Wenige Wochen später landete ich zum zweiten Mal bei ihrem Fluss. Wieder standen sie am Rand des Waldes unter Bäumen. Führten mich ins Dorf. Gaben mir einen Platz unter ihrem Dach. Ich hatte nur ein paar Tage Ferien am Tapajós machen wollen, doch ich bin Monate geblieben. Eine glückliche Zeit hatte begonnen. Unbeschwert. Gesund. Kein Tabak und kein Alkohol. Auch später, in den Städten, schmeckte mir dann der Scotch nicht mehr. Und eine Zigarette habe ich seitdem nicht wieder angezündet.«

»Faszinierend«, sagte die Frau. »Aber glauben Sie ja nicht, dass Sie mir die Angst genommen haben.«

»Senhora. Es wird alles gut.«

»Angst abzuschütteln ist nicht leicht.«

»Wenn Sie wollen, dreh ich ab.«

»Was heißt das, ›dreh ich ab‹?«

»Wir fliegen hundertachtzig Grad zurück.«

»Wohin?«, fragte sie.

»Den ganzen Weg zurück nach Rio«, sagte er, »das wird nicht gehn. Aber unser Sprit reicht bis Araguaya aus.«

Die Journalistin wischte das Taschentuch mit den Spitzen über ihre nasse Stirn. »Drehen Sie nicht ab«, sagte sie dann leise. »Bevor ich mich entscheide, hätte ich gerne mehr gehört.«

Der Pilot schob die Fliegerkarte auf seinen Knien ein wenig hin und her, und die Frau wollte wissen: »Haben Sie die Sprache der Einheimischen dort am Fluss erlernt?«

»Ja«, sagte der Pilot.

»Und auch, mit Pfeil und Bogen umzugehen?«

Der Pilot nickte.

»Einen Einbaum bauen? Fischen?«

»Ja zu allem, was Sie fragen.«

»Auch wenn Sie den Vergleich nicht mögen«, flüsterte die Frau, »aber ich denke wieder mal an Paradies.« Sie schraubte die Feldflasche zu. »Allerdings ohne Apfel. Ohne Schlange.«

»Beides gibt's da vorne nicht«, sagte der Mann. »Doch es gibt andere Gefahren.«

»Beispielsweise was?«

Er dachte nach. »Beispielsweise einen Überfall.«

»Durch Kautschukpflanzer?«

Er schüttelte den Kopf. »Durch einen Indiostamm, der weit flussabwärts lebt im Wald.«

»Warum denn dann ein Überfall?«, wollte die Journalistin wissen.

Der Pilot zuckte die Achseln. »Eine tiefsitzende Feindschaft. Niemand weiß, wer sie begonnen hat«, sagte er. »Nicht viel anders als in Europa auch. Denken Sie nur an Frankreich und an Deutschland. Drei Kriege in siebzig Jahren.«

Die Frau schrieb alles auf.

»Erzählen Sie weiter«, sagte sie. »Kam der Angriff unerwartet?«

»Nein«, sagte der Pilot und sah aus dem Fenster. »Da unten geschieht so gut wie niemals etwas unerwartet.« Er legte seine rechte Hand über die linke auf den Halbmond der Steuersäule und empfand glücklich das Vibrieren des Motors in seinen Fingerspitzen. »Die Feinde trugen ihre Einbäume in zwei Tagesmärschen bis auf ein paar hundert Meter an unser Dorf heran«, sagte er. »Bei Sonnenuntergang versteckten sie sich lautlos im Gesträuch. Vorher, gegen Mittag, hatten meine Freunde mich zu dem Kampfplatz hingeführt. Zur Vorbereitung auf das, was kommen sollte, sozusagen. Die Schlacht war für Sonnenaufgang angesetzt.«

»Wieso das?«, fragte die Journalistin.

»Tradition«, sagte der Pilot. »Immer der gleiche Kampfplatz. Und immer bei Sonnenaufgang.«

»Das klingt wie ein Krieg aus einer anderen Zeit«, sagte sie.

»Ja«, sagte er, »heute vor ein paar tausend Jahren.«

»Wie ist der Kampf damals ausgegangen?«, wollte die Frau wissen.

»Unblutig«, sagte der Mann und lachte. »Wir haben Bambusrohre gespalten. Wie Regenrinnen, verstehen Sie? Dann haben wir die Rinnen im Gras versteckt, nachts, auf der Südseite des Kampfplatzes. Als nächstes haben wir Benzin herbeigeschafft, aus meinem Flugzeug. Dann stieg die Sonne über die Wipfel der Bäume, und unter Fußstampfen und Gebrüll stellten sich die Kämpfer beider Seiten auf. Ich ließ Benzin durch die Bambusrinnen laufen. Als unsere Feinde ihre Bogen spannten, warf ich ein Streichholz in die Rinne. Eine Wand aus Feuer stieg vor den Angreifern zum Himmel hoch. Das Feuer verschluckte ihre abgeschossenen Pfeile. Und machte uns Verteidiger unsichtbar. Die Flammen fraßen sich durch das dürre Gras. Büsche gingen in Flammen auf. Der Wald wurde zum Inferno. Die Krieger der anderen Seite warfen ihre Bogen fort und machten die Einbäume zu ihren Rettern. Wir sahen lachend, brüllend zu, wie sie sich flussabwärts treiben ließen. Soweit ich weiß, kamen sie niemals mehr zurück.«

Der Pilot nahm den Filzhut ab. Er fuhr sich mit beiden

Händen durch sein verschwitztes Haar. Die Journalistin sah von ihrem Notizblock auf. »Ist das die Geschichte, von der es so drohend aus dem Radio kam?«, fragte sie.

»Nein«, sagte er und holte die heiße Luft der Kanzel tief in seine Lungen.

»Hätte ja auch keinen Sinn ergeben«, überlegte die Römerin, »wo Sie doch zum Retter der Verteidiger geworden sind.«

Der Mann sah sie nicht an und schwieg.

»Was also war es dann?«

Der Pilot tat sich mit der Antwort schwer. »Ich habe damals ... ein Indicmädchen ... zur Frau genommen.«

»Einmalig«, sagte die Journalistin leise. »Sie haben Ihre Hängematte über der des Mädchens festgezurrt? Unter dem langen Dach am Fluss?«

»Ja«, sagte er.

»Und?«

Der Pilot sah die Frau nicht an. »Es wurde zu einer sehr, sehr glücklichen Zeit.«

»Wie ist der Name des Mädchens?«, fragte sie.

»Itapa«, sagte er.

»Wie schreibt man das?«

»Wie man es spricht.«

»Sie ist sicher noch sehr jung gewesen.«

»Ja. Der Tau lag noch auf ihr.«

»Würden Sie sie als gut aussehend beschreiben?«

»Ja. Ich glaube schon.«

Die Frau kaute auf ihrem Bleistift. »Soll ich die Geschichte zu Ende erzählen?«

Der Pilot schloss die Augen, wie im Schmerz. Dann hörte er dem gleichmäßigen Dröhnen seines Motors zu.

»Eines Tages hatten Sie genug von dem Mädchen am Fluss«, begann die Italienerin. »Sie wollten in Ihre Zivilisation zurück. Klammheimlich sind Sie davongeflogen. Haben Ihre Kindfrau verlassen, ebenso wie auf Tahiti ... damals ... Gauguin seine Vahine verlassen hatte. Und seitdem sind die Indios verfeindet mit dem Vogelmenschen. Deshalb sagte die Stimme aus Belém vorhin am Radio, dieser Hermannos sollte sich nicht unbewaffnet am Campo Kumaka blicken lassen.« Sie sah ihn von der Seite an. »Ist es so?«

»Nein«, sagte der Mann langsam. »Ich bin in meine Welt zurückgeflogen. Das ist richtig. Aber ich habe das Mädchen mitgenommen.«

»Faszinierend!«, rief die Journalistin.

»Die Indios haben mich angefleht, Itapa beim Stamm zu lassen. Das Leben auf der anderen Seite des Flusses ist rätselhaft für sie. Voller Gefahren. Wer sich dorthin wagt, kommt nicht zurück. Ich habe die Warnung in den Wind geschlagen. Beim Start stand niemand mehr am Urwaldrand. Ich flog noch einmal tief über die langen Dächer hin. Die Indios lagen bei ihren Feuern, lagen bei ihren Frauen, ihren Kindern, doch niemand sah mehr zu uns auf. Itapa hat es nicht bemerkt. Sie hockte verängstigt auf dem rechten Sitz und hielt sich vor dem dröhnenden Motor ihre Ohren zu. Nach ein paar Stunden ging es ihr wieder besser. Wahrscheinlich kann ein Mensch sich auch an Angst gewöhnen.«

»Wohin sind Sie mit ihr geflogen?«, wollte die Journalistin wissen.

»Nach Rio«, sagte der Pilot. »Ich hatte eine Junggesellenwohnung dort.«

»Wie die Stadt wohl auf Ihre Frau gewirkt hat?«, sagte

die Journalistin. »Hohe Häuser, Autos, Straßenbahnen, Asphalt, Radio, Fernsehen, was weiß ich. Man stelle sich das nur mal vor!«

»Ja«, sagte der Pilot, »es muss schlimm für sie gewesen sein.«

»Was geschah nach der Landung? Auf dem Flughafen von Rio?«

»Spießrutenlaufen«, sagte der Pilot. »Ich hatte Itapa eine Decke umgehängt. Aber sie ließ den rauen Stoff hinter sich her über den Beton der Halle schleifen. Itapa hielt meine Hand fest umklammert und starrte die vielen blassen Gesichter an. Die Gesichter starrten zurück. Nicht jeden Tag wird eine Frau nackt durch den Flughafen von Rio geführt, verstehen Sie? Selbst die Münder der Polizisten standen offen. Ich habe Itapa in meine Pilotenjacke gehüllt und sie zum Parkplatz getragen.«

»Es hat Sie gestört, dass andere Männer Ihre Frau unbekleidet anstarren konnten«, sagte die Journalistin.

»Nein«, sagte der Pilot, »darum ging es keineswegs. Es ist eine geographische Frage, verstehen Sie das nicht?«

»Nein«, sagte die Journalistin.

»Am Fluss oder im Wald war Itapa auf andere Weise nackt als in der Stadt«, sagte der Pilot.

Die Journalistin lachte auf. Ihre Stimme wurde laut: »Sie bringen mich zum Tapajós und wollen, dass ich mich ausziehe. Und wenn Sie Ihre Frau nach Rio fliegen, wollen Sie, dass sie sich anzieht«, sagte sie. »Mit anderen Worten: Sie sind ein Konformist.«

»Möglich«, sagte der Mann. »Möglich, dass Sie mich so nennen können.«

»Als nächstes haben Sie Ihre Frau vermutlich durch alle

Boutiquen geschleppt und schicke Kleider für sie gekauft, oder?«

Der Mann nickte.

»Das muss ein großer Spaß gewesen sein«, sagte die Frau.

»Nur für mich. Nicht für das Mädchen. Das ist es eben. Alles war ein großer Spaß. Doch nur für mich.«

»Warum?«, fragte die Frau.

»Die Presse wurde aufmerksam«, sagte der Mann. »Fotografen kamen an den Strand gerannt, wenn wir schwimmen gingen. Das Fernsehen brachte Interviews. Wir machten Schlagzeilen. Wurden über Nacht berühmt. Ich fühlte mich wichtig. Ein neues Leben hatte angefangen. Für mich. Itapa hingegen verstand nicht, was mit ihr geschah. Ich habe mich schuldig gemacht.«

Die Frau schrieb jeden seiner Sätze mit.

»Zwei Wochen später war Itapa krank. Sie hatte hohes Fieber. Mein Hausarzt wusste keinen Rat. Seine Mittel halfen nicht. Das Mädchen war nur noch selten bei Bewusstsein. Ich brachte sie ins Hospital. Es war, als wären alle Krankheiten der Welt über Itapa hergefallen. Selbst die Intensivstation wusste Itapa nicht zu retten. Es gab keine Hoffnung mehr.«

Die Journalistin hatte aufgehört zu schreiben.

»Ich habe meine Frau in Rio begraben. Am nächsten Tag bin ich zum Tapajós geflogen. Als die Indios sahen, dass der Sitz neben mir leer geblieben war, haben sie sich schweigend von mir abgewandt. Und Itapas Eltern haben mich nicht hören wollen. Für sie war die Tochter an dem Tag gestorben, als sie mit mir über den Fluss davongeflogen war.«

Die Frau lehnte sich in den Zeltplansitz zurück. Am

höchsten Punkt des Himmels stand eine weißlichgrelle Sonne. Selbst das Grün des Urwaldes sah in dieser Helligkeit verwaschen aus.

»Die Indios hätten mich anklagen können«, sagte der Pilot. »Ich hatte ein Mädchen abgeholt und nicht zurückgebracht. Das lässt Vermutung zu an Mord. Doch mir wurde nicht der Prozess gemacht. Indios kennen keine Staatsanwälte.«

Hermann Roden suchte nach der Fliegerkarte. Sie war ihm von den Knien gerutscht. Die Frau hob sie vom Boden auf. Der Pilot verglich die schwarzen Windungen eines Flusses auf der Karte mit Silberwindungen weit entfernt am Horizont.

»Der Fluss da vorn«, sagte er, »das ist der Tapajós. Noch ist es Zeit abzudrehen.«

Die Frau legte beide Hände flach an ihre Schläfen. Der Pilot ließ ihr für die Antwort Zeit. »Nein«, sagte die Frau schließlich. Und dann noch mal: »Nein.« Beim Zu-Ende-Sprechen des Gedankens sah sie den Mann nicht an. »Es will mir scheinen, dass mich da vorn … Unvergessliches … erwartet.«

Der Pilot nahm das Mikrophon. »Papa Papa Delta Victor Yankee an Belém Control. Habe Campo Kumaka in Sicht. Echo Tango Alpha Null Fünf. Haben Sie was Neues?«

»Nein«, sagte Belém im Lautsprecher, »nichts Neues. Wann starten Sie wieder?«

Der Pilot sah seine Passagierin fragend an.

Die Frau legte sich in dem Sitz zurück und presste ihre Knie aneinander. »Ich glaube, das hängt wohl eher jetzt von Ihnen ab.«

Der Mann drückte auf die Sprechtaste. »Nächster Take-off Victor Yankee unbestimmt.«

»Lässt sich denken«, sagte Belém. »Melden Sie sich zwölf Uhr mittags, täglich, auf Eins Drei Acht Virgula Fünf.«

»Victor Yankee.« Der Pilot schaltete das Radio aus.

Die Römerin wischte eine Hand über ihre Stirn. »Was werden Itapas Eltern sagen ... was werden sie denken ... wenn sie eine neue ... eine andere Frau ... in engster Nähe bei dem Vogelmenschen sitzen sehen?«

»Sie werden das betrachten als Bestimmung der Natur.« Der Pilot nahm den Gashebel zwei Fingerbreit zurück und trimmte die Maschine aus. »Bitte, schnallen Sie sich wieder an.«

»Was möchten Sie, dass wir ... als Erstes tun ... wenn wir angekommen sind?«, fragte die Frau.

»In den Fluss hinausschwimmen, uns auf den Rücken legen und viel kühles, klares Wasser trinken«, sagte der Mann.

Ann

Sie kam ihm durch das viele Grün entgegen.

Der Mann war froh, dass er gewartet hatte. Er sah auf seine Armbanduhr. Für die Mittagspause blieben ihm nur noch neunzehn Minuten dieser Frau.

Beim Gehen hat sie eine Eigenart, dachte der Fremde. Sie stellt die Zehen seitlich vorwärts. Mit platten Füßen hat das nichts zu tun. Ann geht, wie Tänzerinnen laufen. Mit hohlem Kreuz. Und Arme seitwärts, unbewegt.

Das lange schwarze Cape des Mädchens blähte sich im Wind. Die letzten Schritte lief sie eilig auf ihn zu. »Wir sind sehr unvorsichtig, uns hier zu treffen.«

»Dein Cape gehört in eine andere Welt«, sagte der Fremde. »Wie meinst du das?«, fragte das Mädchen.

»Es hüllt dich ein in irische Jahrhunderte, von denen du nicht viel weißt.«

Sie runzelte die Stirn.

Am Himmel war es hell geworden. Nach ein paar Regenschauern schien, und das die letzte Stunde lang, die Sonne. Angestellte aus den Büros waren in den Park gekommen. Ladenmädchen schlenderten über die Wege des St. Stephen's Green und stopften sich mit Schokolade voll.

Der Mann deutete zu ihnen hin. »Andere Mädchen tragen dünne Blusen. Es ist ein selten warmer Tag. Die Röcke werden immer kürzer. Mit dir und deinem Cape verglichen, sind die anderen Frauen nackt.«

Sie lachte. Er wollte sie küssen.

»Nein«, sagte Ann. »Nicht hier. Es sind zu viele Raben in der Nähe.«

Er sah sie fragend an.

»Hast du Vogelfutter mitgebracht?«, fragte sie statt einer Antwort.

Er gab ihr die Tüte.

»Wir sollten uns hier nicht sehen lassen«, sagte Ann. »Ein paar Leute aus dem Hotel haben dich sicher schon erkannt.«

»Wenn dein Chef etwas erfährt, werde ich mit ihm reden«, sagte der Fremde.

Ann zog die Schultern hoch.

Wie eine Irin, widerspruchslos von fremden Söldnern an ein Kreuz genagelt, dachte der Mann.

»Lass uns zum See hinübergehen«, sagte Ann.

»Verlass dich drauf, ich spreche mit Mr. Willcox«, sagte der Mann.

Sie gingen nebeneinander her.

»Er wird sich blähen wie ein Truthahn«, sagte das Mädchen, »weil du in sein Büro gekommen bist. Und ich behalte meine Stellung ein paar Tage länger.«

»Ein paar Tage?«, fragte er.

Ann lachte. »Kaum bist du auf dem Flugplatz, bin ich auf der Straße.«

Er legte seinen Arm um ihre Schulter. Sie zuckte zusammen.

»Zum Teufel mit diesem Mr. Willcox«, sagte der Mann.

»Bitte nimm den Arm von meiner Schulter«, sagte das Mädchen. »Es geht nicht nur um meine Stellung.«

»Sondern?«, fragte er.

»Einer meiner Männer könnte uns sehen«, sagte sie.

Der Fremde nickte lächelnd. »Verstehe. Wie viele Männer hast du denn?«

»Zwei«, sagte sie. »Zur gleichen Zeit?«, lachte der Fremde.

Ann nickte. »Mit dir sind es drei. Stört dich das?«

Es ist schwer, aus ihr schlau zu werden, dachte der Mann. Dann sagte er: »Nein, stört mich nicht. Die Zeiten haben sich geändert. Vielweiberei ist unmodern geworden. Vielmännerei ist das Gebot der Stunde.«

»Du machst dich lustig über mich«, sagte sie.

»Ja«, grinste er.

»Willst du denn gar nicht wissen, wer die beiden anderen sind?«

»Nein.« Er schüttelte den Kopf, doch sie war unbeirrt: »Der eine hält sich für einen Maler, aber ich glaube, es mangelt ihm an Talent, und so bleibt ihm nichts, als im Museum jeden Tag acht Stunden lang die Fettgerahmten zu bewachen, die von toten Meistern stammen.«

Der Fremde sah auf seine Uhr. »Noch fünfzehn Minuten«, sagte er.

»Tatsächlich?«

Er nickte. »Du schenkst mir deine Mittagspausen, doch wenn du von meinen Nebenbuhlern sprichst, nimmst du mir die Geschenke wieder weg.«

Ann schwieg. Der Fremde stöhnte. »Der eine von deinen beiden Männern ist also Museumsdiener.«

»Ja«, sagte Ann. »In der National Gallery of Art.«

»Und der Zweite?«

»Der Zweite ist eigentlich der Erste.« Ann sah zur Sonne hoch. »Er fliegt vermutlich hier herum.« Sie kauerte sich auf dem Rasen nieder. »Du könntest mich mitnehmen«, sagte sie.

»Wohin?«, fragte er.

»In dein Land. In dein Haus«, sagte sie. »Dann wär ich alle beide los.«

Er legte sich neben sie.

»Merkwürdig«, sagte er, »nur ein paar Stunden Sonne und der Rasen fühlt sich an, als wär er warm.«

»Was würde deine Frau wohl sagen?«, fragte Ann.

»Zu mir nicht viel.« Er strich mit seinem Daumen über ihre Lippen, die weit offen standen, blass, ohne jedes geschminkte Rot. »Doch Hunderte von Worten zu ihrem Rechtsanwalt.«

»Siehst du?«, sagte sie. »Niemand zeigt Verständnis. Mr. Willcox ebenso wenig wie deine Frau.« Sie sah zum Himmel hoch. »Ein Zimmermädchen macht im Hotel die Betten. Wenn es sich – verliebt – hineinlegt in die Kissen, wird es dafür bestraft.«

»Meine Frau hat noch niemals gern geteilt.« Der Fremde grinste.

»Ich auch nicht«, sagte sie. »Nur, mich fragt niemand. Ich werde geteilt.«

Eine Taube mit Übergewicht watschelte an Ann vorbei. Das Mädchen warf ihr ein paar Körner zu. Der Mann sah sich um. Aus allen Richtungen kamen Vögel angeflattert. »Kennst du die Place de l'Opéra in Paris?«, fragte er.

»Ich kenne Dublin, Kilkenny und Wicklow. Das ist alles.«

»Im Himmel über dem Opernplatz fliegen viele Tauben«, begann der Fremde zu erzählen. »Ein Freund von mir lief unter ihnen durch. Er sollte vorsingen. Kein schlechter Tenor, doch es geht ihm vieles schief. An jenem Morgen wieder mal. Eine Taube hat ihm auf die Schulter geschissen.«

Ann legte ihr Gesicht in das warme Gras. Ihr Rücken zuckte.

»Sein Anzug war erst ein paar Stunden alt«, sagte der Mann, »mein Freund hatte ihn an dem Morgen vom Schneider abgeholt. Er zog die Jacke aus und stopfte sie in einen Abfallkübel.«

»Nicht möglich!«, rief Ann. »Die ungetragene Jacke?«

»Ja«, sagte der Mann. »Mein Freund war sehr beleidigt.«

»Und dann?«, fragte Ann.

»Dann kaufte er Vogelfutter. Und Rattengift.«

»Hör auf!«, rief das Mädchen.

»Ich schwöre es!«, rief der Mann genauso laut. »Wenn du willst, bei den Seelen meiner ungeborenen Kinder! Die Tauben kämpften um das Gemisch, grad so, als würde es kein Morgen geben. Dem Tenor machte das viel Spaß. Eine alte Frau kam vorbei. ›Darf ich etwas von dem Futter haben?‹, bat sie. ›Ich helfe so gern den armen Vögeln. Doch gegen Monatsende bleibt nicht viel von meiner Rente.‹

Mein Freund verbeugte sich galant. Er sagt, er hätte gesungen *Reich mir die Hand, mein Leben*, als er der alten Dame die zwei Tüten gab. Dann stellte er sich an die nächste Straßenecke und beobachtete beglückt, wie die Tauben tot aus dem Himmel fielen.«

»Schrecklich!«, rief Ann.

»Das Schlimmste kommt noch«, sagte der Mann. »Hunderte von toten Tauben erregten Entsetzen. Man rief nach der Polizei.«

»Und?«, fragte das Mädchen.

»Die Polizisten suchten eilig nach dem Übeltäter. Wer, glaubst du, ist verhaftet worden?«

»Die alte Dame«, seufzte Ann.

»Genau«, nickte der Mann. »Noch auf dem Weg zum Polizeiauto soll sie freundlich Gift unter die Tauben gestreut haben.«

»Sag mal, wie viel Uhr es ist«, meinte das Mädchen.

»Mir gehören maximal noch fünf Minuten.« Er deutete auf seine Armbanduhr. Ann steckte dem Mann das Vogelfutter in die Jackentasche und lief über den Rasen hinweg einem Fachwerkhaus mit dunkler Tür entgegen. Über der Tür hing schwarz und weiß ein Schild: PERSONALEINGANG. HOTEL WINSLOW COURT.

Ihre nächste Mittagspause verbrachte sie in seinem Bett. »Du liebst nicht gern«, sagte der Fremde, »du lässt dich lieben.«

Ann sagte nichts.

»Und du legst niemals deine Kleider ab.«

»Nachts schon«, meinte sie und lachte.

»Nachts kommst du nicht hierher.«

»Nein. Und das ist auch besser so.«

»Warum?«, fragte er.

»Weiß nicht«, sagte sie.

»Warum?«

»Wenn ich für dich nicht mehr Geheimnis bin, steckst du mich in den Abfallkübel. Wie dein Tenor die Jacke.«

Der Mann lachte.

Aus heiterem Himmel schlugen Hagelkörner einen Trommelwirbel an das Fenster. Ann erschrak in seinen Armen. »Deine irischen Götter bewerfen mich mit Steinen«, grinste der Fremde.

Ann legte seine Hand auf ihre Augen. »Ich dachte schon, es ist der Rabe.«

Als sie sich liebten, weinte sie.

Am nächsten Mittag war es nicht Ann, die in des Fremden Zimmer kam. An ihrer statt stapfte ein alter Kellner durch die Tür.

»Eine Flasche Weißen – ganz genau wie jeden Tag.« Seine Stimme klang müde. Und asthmatisch. »Aus Frankreich kommt der wohl.« Er hob die Flasche nah vor seine Augen. »Blank dee Blank – steht auf dem Etikett.«

Der Fremde lehnte seinen Rücken an das Fenster. »Haben Sie hellseherische Fähigkeiten?«

Der Kellner ließ ein kleines Röcheln hören. »Ann hat es mir – so aufgetragen.« Zwischen seinen Worten gab es Pausen. »Das Stubenmädchen hier – auf Etage zwei. Die Dunkle – mit den langen – Haaren.«

»Hat sie heute frei?« Der Fremde ließ die Frage klingen, als würde des Kellners Antwort nicht wahrhaft von Interesse sein.

»Nein«, sagte der Alte. »Ist nur heute – Mittag – sehr verhindert. Abends ist sie – wieder – hier.«

»Die Sonne ist faul heute«, sagte der Fremde. »Oder besorgt. Wagt sich kaum in dieses Zimmer.«

»Gut gesprochen!«, rief der Alte zu dem Hotelgast hin. »Ann hat mir – erzählt, Sie spielen – hier – Theater.«

»Ja«, nickte der Fremde. »Prinz von Homburg. Haben Sie schon mal von dem Stück gehört?«

»Nein«, gab der Alte zu.

»Die Schauspieler, mit denen ich zu tun habe, auch nicht«, murmelte der Gast.

»Sie klingen – unzufrieden, junger – Mann«, sagte der Kellner.

»Ich bin unzufrieden«, bestätigte der Fremde.

»Meine Frau – geht oftmals – ins Theater.« Der Kellner

zog den Korken aus der Flasche. »Meine Tochter – ebenso. Ich – weniger. Wo treten Sie – denn auf?«

»Im Abbey.« Der Fremde gähnte. »Ab Dienstag.« Er ließ sich eine Seezunge aufs Zimmer bringen. Dann lief er, Kleist-Texte murmelnd, durch schmale Gassen. Am Nachmittag war wieder Probe.

Abends stand ein guter Bekannter, freundlicher Mann, ein wenig dickleibig, Journalist, wartend vor der Bühnentür: Tom Woodman von der *Irish Times.*

Der Schauspieler war verschwitzt und müde. Tom Woodman lief mit kurzen Schritten neben ihm und stellte viele Fragen. Auf der O'Connell Bridge lehnte sich der Fremde über das Geländer. »Die Liffey ist kein schöner Fluss.«

»Nein«, gab Woodman zu. »Andererseits – wie blau ist heutzutage schon die Donau?«

Der Schauspieler spürte Müdigkeit in seinem Kopf. »Bei den Pubs stehen bereits die Türen offen. Wir sollten einen trinken gehen.«

»Gern«, meinte der Journalist, »aber … sehen Sie das Mädchen dort? Bei dem Denkmal? Auf den Marmorstufen? Die Hübsche mit dem langen schwarzen Cape?«

Der Fremde warf einen Blick über seine Schulter. Die Frau war Ann. Bei einem Mann.

»Eine verwirrende Person«, sagte Woodman. »Ich bin mit ihr ganz gut gefahren.« Er verschluckte sich und hustete. »Möglich, dass Sie ihr begegnet sind. Sie ist Stubenfee, in dem Hotel, das auch das Ihre ist.«

»Wer ist der Kerl neben ihr auf den Stufen?«, wollte der Fremde wissen.

Woodman nahm seine Brille ab. Er spuckte auf die Gläser. »Ihr zweiter Mann.« Er rieb, umständlich, die Brille sauber.

»Tom …« Sein Gegenüber gab sich Mühe, unbeteiligt zu erscheinen. »Warum sind Sie mit ihr ganz gut gefahren?« Woodman legte die Hände auf den Rücken. »Diese Verwirrung von Person durchlebt Facetten, als wär sie ein Roman. Einer, den ich schreiben sollte. Doch das zu tun ist wahrhaft zu beschwerlich für mich faulen Kopp. Außerdem ist das Leben mit dem Übersinnlichen, wie es dieser Ann täglich zugemutet wird, für Verleger irischer Romane alles andere als neu. Und in fremden Ländern druckt mich niemand. Also zog ich die Bequemfassung einer Novelle vor, als ich schreibend mich bemühte, die Schönheit der Seele dieser Frau für die Nachwelt festzuhalten.«

Der Schauspieler nahm das Bild von Ann bei einem anderen in sich auf. Ich sollte hinübergehen und sie von den Stufen holen, dachte er, Ann gehört auf Zimmer 28. In mein Bett. Mit schwarzem Rock und Kniestrümpfen, selbst gestrickt, aus weißer Wolle. Und mit dem Namen des Hotels auf ihrem Hemd.

Der Journalist fand ein Stück verrosteten Geländers und setzte sich darauf. »Anns erster Mann ist Poet gewesen«, sprach er leise vor sich hin. »Jason Flaherty. Sein Name war in aller Munde.«

Der Schauspieler konnte seine Augen nicht von der Frau am Denkmal lassen. Ann hatte ihn gesehen.

»Sie hören mir nicht zu«, rief Woodman.

»Nein«, gestand der Schauspieler. »Tut mir leid.«

»Schon gut.« Der Journalist fuhr sich mit flacher Hand über seine Augen. »Ja«, sagte er dann. »Jason Flaherty. In Anbetung seiner mädchenhaft …, kaum berührten Frau … war er wie von Sinnen. Am Ende einer Liebesnacht, in der sie ihm von einem Taumel in den anderen folgte, hat er sich

79

umgebracht. Jetzt klopft er seine Verse an ihr Fenster.« Der Ire beugte sich nach vorn. »Ich spreche wohl in Rätseln«, fragte er mit leiser Stimme.

»Ja«, sagte der Fremde.

Woodman schloss die Augen, bevor er weitersprach. »Anns Dichter war in die Todesnebel von uns Iren eingegangen. In seinem zweiten Leben wurde er zum Raben.«

»Zum Raben?«

Tom nickte. »Zum Raben.«

»Warum zum Raben?«

»Weiß nicht«, kam die Antwort. »Er hatte es sich so gewünscht.«

Der Fremde sah den Iren lange an. Woodman lächelte: »In Ihren Augen steht die Frage, was ab dann geschah«, und weil der Mund des anderen offen stand, sprach er ohne Pause weiter: »Aus dem besten Freund des toten Dichters wurde der jungen Witwe zweiter Ehemann. Sean McGullon. Er befindet sich da drüben neben Ann. Im Dienst trägt er eine dunkelblaue Uniform. Er erklärt Touristengruppen die Werke großer Meister, in der National Gallery of Art. Sein Favorit ist Tizian. Das Wasser läuft ihm im Mund zusammen, hat er mir unverhohlen eingestanden, wenn er vor der Üppigkeit von Tizians Frauen steht, vor ihren prallen Brüsten, von den gewaltigen rosa Schenkeln, sagt er, ganz zu schweigen. Im Vergleich zu Tizians Frauen scheint Ann mir eher zart zu sein. Sie ist das schlanke Ideal der Frau von heute. Dennoch ist Sean mit ihr vor den Altar gegangen.«

Der Fremde fand am Himmel eine Regenwolke, die sich zu nichts entschließen konnte. Dann hörte er Woodman sagen: »Die beiden scheinen Streit zu haben. Sehen Sie nur, wie Sean seine Füße wütend auf die Marmorstufen stampft! In seinem Ärger sieht er mir recht komisch aus.«

»Ja«, grinste der Schauspieler, »und der Rabe findet das ganz sicher auch. Vermutlich sitzt er hier irgendwo herum, unter dieser Brücke, weil er vor lauter Lachen nicht mehr fliegen kann. Er hält sich den Bauch. Falls es einem Raben möglich sein sollte, sich den Bauch zu halten.«

Tom Woodman sah zu Boden. »Machen Sie sich lustig über das Schicksal dieser Irin?«

»Im Gegenteil«, sagte der Fremde. »Mein Interesse an der Frau ist groß.«

»Ich könnte Sie bekannt machen miteinander.« Woodman lächelte zu dem Fremden hin. »Doch Sie werden bei dem Mädchen nicht weit kommen.«

»Erzählen Sie mir von ihrem ersten Mann«, forderte der Fremde.

»Jason Flaherty schrieb seine Gedichte in Gälisch«, berichtete der Ire. »Verse von der Unantastbarkeit der Frauenseele.« Woodman sah, fast mit Begehren, zu Ann hinüber. »Als er sich das Leben nahm, war er erst Mitte zwanzig. Seine Gedichte sprechen von Ann, von Liebe, Tod und Krähen. Ist Ihnen aufgefallen, dass es in Irland viele Krähen gibt?«

»Ja«, sagte der Fremde. »Manchmal sitzen so viele von ihnen auf den Wiesen, dass man denken könnte, hier wüchse schwarzes Gras.«

»Sie kennen unser Land«, sagte der Journalist. »Und scheinen es zu mögen.«

»Sehr«, sagte der Fremde.

»Nun gut. Der Dichter und sein bester Freund waren stets im Martin's Double Barrel zu finden gewesen«, erzählte Woodman weiter. »Kennen Sie den Pub?«

Der Fremde nickte. »In der Kildare Street.«

»Richtig«, sagte der Journalist. »Die Frau ist stets dabei gewesen. Sie durfte bei den Männern sein, das Einmischen ins Gespräch der Freunde ward ihr jedoch nicht vergönnt. Sie saß lediglich dabei. Hörte schweigend zu. Abend für Abend. Ist das so gewesen.«

»Wurde viel getrunken?«

»Mächtig! Immer wenn Flaherty abgefüllt war bis zum Rand, gab er das Versprechen ab, bald zu sterben.«

»Wer hatte ihn darum gebeten?«

»Niemand. Er hat es ungefragt versprochen. Mehr als einmal. Immer wieder schrie er durchs Lokal, dass er als schwarzer Vogel wiederkehren würde. Nicht als Krähe, nicht so klein und massenhaft, sondern einzeln, stolz und fett und groß. ›Ein Rabe‹ rief er den andren zu, ›aus mir wird einst ein Rabe werden!‹«

»Erstaunlich«, sagte der Fremde. »Und dann?«

»Eines Nachts, im Zwielicht einer Liebesnacht, wie ich bereits erzählte, nahm der Dichter sich das Leben. Der Museumsangestellte kam, die Frau zu trösten.«

»Und blieb«, sagte der Fremde.

»Und blieb«, nickte der Ire. »Ein paar Tage später wurde ans Fenster geklopft. Es war Abend. Sean McGullon arbeitete an einer Bleistiftskizze. Es sollte eine Frau vor ihrem Spiegel werden. Eine, die sich still betrachtet. Genau gesagt, eine Ann, die sich still betrachtet.« Woodman setzte sich die Brille auf. »Die Wohnung der beiden ist im dritten Stock. Eigentlich recht ungewöhnlich, wenn jemand im dritten Stock ans Fenster klopft, was meinen Sie?«

»Nicht, wenn der Besucher fliegen kann«, sagte der Fremde. »Schnell erkannt!« Woodman lachte. Er legte dem

82

Kleist-Schauspieler eine Hand auf die Schulter. »Der Rabe hackte mit dem Schnabel an die Fensterscheibe. Er wollte in die Stube kommen.«

»Verständlich«, sagte der Fremde. »Raben fühlen sich manchmal einsam auf den Dächern Dublins.«

»Wie wahr!« Der Ire nickte. »Die junge Frau hat das Fenster geöffnet und ihren Mann hereinfliegen lassen. Sie sagt, ihr zweiter Mann wäre wie von Sinnen gewesen vor Freude, als er den Toten auf der Stehlampe sitzen sah. Von jenem Abend an leben sie zu dritt miteinander.«

Der Fremde sah zu den Marmorstufen hin. Ann war nicht mehr da.

»Morgens, wenn die Witwe Spiegeleier brät, lässt der Freund den Raben aus dem Haus«, sagte Tom. »Niemand weiß, was der Vogel den ganzen Tag lang treibt. Kaum wird es dunkel, ist er wieder da.« Er zündete sich eine Zigarette an. »Nun kann es ja mal vorkommen, dass die beiden jungen Leute unter sich bleiben wollen. Sie verstehen?«

»Ja«, sagte der Fremde, zögernd.

»Dann vergessen die beiden absichtlich, das Fenster offenzulassen. Wenn dies geschieht, hackt der Rabe wie wahnsinnig an die Scheibe. Es sollen schon zwei davon zu Scherben gegangen sein.«

»Vielleicht hat das Mädchen ihren Dichter nicht geliebt«, meinte der Fremde sinnierend. »Vielleicht hat sie sich nur lieben lassen. Vielleicht hat sich Flaherty deshalb umgebracht.«

Es begann zu regnen, und die beiden Männer machten sich eilig auf den Weg zu Martin's Double Barrel. Tom holte sich zwei Sandwiches aus der Glasvitrine. Der Fremde trank einen doppelten Glenfiddich. Dann schlenderte er ins

Hotel zurück. Er nahm die Bilder von den Wänden seines Zimmers und legte den Kleiderschrank flach auf den Boden. Der alte Kellner brachte Brot und Käse. »Zweifelsohne eine – originelle Art –, sich einzurichten.«

»Mir wird es manchmal hier zu eng«, meinte der Fremde. »Sie haben – recht«, fand der Kellner, »flache Möbel – lassen Zimmer größer – werden.« Er schlurfte auf den Korridor hinaus. Der Schauspieler setzte sich auf den Schrank und starrte zum Telefon. Ann hatte ihn noch niemals angerufen. Auf dem Nachttisch lag ein Band Kleist. Der Fremde nahm ihn in die Hand. »Großer Dichterpreuße«, sagte er zu dem Lederrücken, »der Bruch in deinem Homburg ist nicht nur für Iren schwer verständlich.«

Am nächsten Mittag, nach der Probe, ließ er sich sehr viel Zeit. In einem Schaufenster sah er einen Bildband über die Bahamas. Er sagte sich, dass es sicher gut wäre, da mal hinzufliegen. Als er ins Zimmer 28 kam, fand er Ann auf seinem Bett. Er stellte sich ans Fenster und sah auf die Dawson Street hinunter. »Meine kleine Welt auf Zeit«, sagte er. »Giebelige Häuser. Schöne Fassaden aus der Zeit englischer Könige, die George geheißen haben. Zwei von ihnen hießen ursprünglich mal Georg, weil sie aus Deutschland stammten.« Er suchte neben dem Fenster nach der Schnur des Vorhangs. Die Frau auf dem Bett schüttelte den Kopf. »Heute muss der Vorhang nicht geschlossen sein. Mein Mann ist mir nicht nachgeflogen.«

»Du hältst den Weltrekord im Irresein«, brummelte der Fremde.

»Kennst du den Schreiber von der *Irish Times* schon lange?«, wollte sie wissen.

»Ja«, nickte der Fremde. »Ann! Warum hat sich der Dichter umgebracht?«

Seine Irin legte den Kopf zur Seite. »Die Antwort darauf bekommen wir erst am Jüngsten Tag.« Sie hockte zwischen weißen Kissen und hielt die Knie unter ihrem schwarzen Rock umschlungen. »Mir klopft das Herz jetzt schon bis zum Hals hinauf«, sagte sie. »Das wird ein aufregendes Ereignis sein, dieser Jüngste Tag! Ich sehe jetzt schon alles deutlich vor mir. Der Museumsdiener hält meine Hand. Du stehst ein Stück dahinter.«

»Wieso dahinter?«

»Weil du nur kurze Zeit in meinem Leben warst«, sagte Ann. »Vor Gottes Thron ist die Verantwortung von Wichtigkeit. Siehst du das nicht ein?«

»Nein«, sagte der Fremde.

»Ehemänner stehen vorn vor Gottes Thron«, sagte Ann, »Liebhaber warten weiter hinten.«

»Das ist schade«, sagte er. »Und wo hockt der Rabe?«

»Woanders. Gott lässt ihn woanders warten.«

»Warum das nun wieder? Stellt Gottvater Selbstmördern keine Fragen?«

»Viele!«, rief Ann. »Gott liebt alle seine Kinder. Besonders jene, die es eilig haben, zu ihm zu kommen.«

»Ein neuer Aspekt«, sagte der Fremde. »Trotzdem – warum hockt der Rabe nicht neben uns vor Gottes Thron?«

»Weil er …« Ann biss sich auf die Unterlippe. »Weil er ermordet worden ist«, sagte sie dann. »Ermordete Selbstmörder sind komplizierte Fälle. Gott nimmt sich viel Zeit, über sie zu richten.«

»Ann, ich ahne Schlimmes.« Der Fremde hatte eine steile Falte auf der Stirn. »Wer hat den Raben ermordet?«

Ann stieg vom Bett. »So ein Vogel lässt dich niemals aus den Augen.« Sie stellte sich neben ihn ans Fenster. »Wo du auch hingehst in der Wohnung – immer hüpft er um dich herum. Bei allem sieht er dir zu. Bei allem! Das geht an die Nerven.«

Der Fremde schwieg, und die Irin flüsterte: »Du! Wenn Gott mit seinem Finger nach dir winkt und du musst dich zu mir stellen und Antwort geben – was sagst du dann?«

»Allmächtiger«, stöhnte der Fremde.

»Und weiter?«

»Es war dein Wille, Herr, dass ich nach Irland kam, um Kleist zu spielen. Der letzte Akt hat mich um den Verstand gebracht. Ebenso wie diese Frau.«

Ann lachte. »So. Ich gehe jetzt.«

»Was? Schon?« Der Mann sah auf seine Uhr. »Deine Mittagspause ist noch lange nicht zu Ende!«

Ann schüttelte den Kopf. »Ich gehe fort. Und komme nicht zurück. Hörst du die Wahrheit gern?«

»Nein«, sagte der Fremde. »Wahrheit trägt ziemlich häufig eine Maske. Sie lacht mich aus. Ich mach vor ihr die Augen zu.«

»Meine Wahrheit lacht nicht über dich.« Eine kleine Zeitlang stand sie schweigend neben ihm. Dann sagte sie: »Ich will mich nicht mehr teilen lassen.«

Der Fremde sah auf die Straße hinunter und wartete. »Gestern Abend, bei dem Denkmal, habe ich meinem Mann erzählt, dass ich mich in den Mittagspausen von einem Hotelgast lieben lasse.« Auch sie sah jetzt nach unten zu der Straße hin. »Mein Mann war äußerst wütend.«

Der Fremde wusste nichts zu sagen.

»Meine Stellung hab ich aufgegeben.« Sie betonte jedes

Wort des Satzes einzeln. »Der Zug nach Cork geht kurz vor vier«, sprach sie dann weiter. »Mein Museumsdiener wird sich am ausgeprägten Busen einer anderen trösten müssen.«

Über das Gesicht des Mannes lief ein Lächeln. Seine Irin sah ihm dabei zu. Schließlich sagte sie: »Deine Geschichte von dem Tenor mit dem weißen Fleck auf seiner Jacke wurde meine Rettung aus der Not. Ich war nämlich besorgt, der Rabe würde neben meinem Abteilfenster her, mich nicht aus seinen kleinen, runden schwarzen Augen lassend, den ganzen Weg bis Cork geflogen kommen. Jedoch, das kann er jetzt nicht mehr.« Ihre Stimme klang verzagt: »Ich habe Rattengift vor ihn hingestreut.«

Der Schauspieler betrachtete das Zimmermädchen und pfiff leise vor sich hin. Dann sah er wieder aus dem Fenster. Die Leute in den Büros gegenüber waren zurück von ihrer Mittagspause. Ein älterer Mann nahm den Telefonhörer in die Hand, und ein Stockwerk höher kochten zwei dicke Mädchen einen Topf Kaffee.

»Sei nicht besorgt«, sagte Ann. »Gott wird dich nicht verdammen. Du warst ja nur der Anstoß.«

»Anstoß?« Der Fremde zog die Augenbrauen hoch.

Ann nickte. »Mit deiner Geschichte aus Paris. Von dem Taubenvergifter. Auf dem Opernplatz. Wer was erzählt, wird nicht bestraft. Gott liebt Erzähler. Da bin ich ganz sicher.«

»Und du?«, fragte der Mann. »Was wird aus dir am Jüngsten Tag?«

»Ich komme auch ohne Gottes Zorn davon«, sagte das Mädchen. »Einen Raben umzubringen, der sich schon selbst einmal getötet hat, kann nicht als schwere Sünde gewertet werden, und wenn der Herr sagen sollte: ›Auch der

Rabe ist eine Kreatur, von mir erschaffen‹, dann kann ich antworten: ›In meinem Fall hast du mir zuerst Flaherty erschaffen, und ich bin dir dankbar dafür, denn ich habe ihn geliebt. Dann aber nahm mein Dichter sich das Leben, das du ihm gegeben hattest, Herr, und zur Strafe stecktest du ihn in die Federn eines Raben.‹« Sie stellte sich mit dem Rücken vor das Fenster und sah dem Fremden in die Augen: »Ich habe Jason Flaherty nicht ermordet!«

»Nein«, sagte der Fremde. »So gesehen, hast du recht.« Er dachte nach. »Der wahrhaft Schuldige scheint der Tenor zu sein.« Er lächelte das Mädchen an. »Mein Freund hätte dir kein Beispiel liefern sollen.«

Ann nahm den Gedanken ernst. »Mein Beichtvater hat mich sehr erschreckt«, sagte sie.

»Warum?«, fragte der Fremde.

»Er sagt, der Herr sei auf uns Iren nicht gut zu sprechen.«

»Wie das?«

»Er soll voller Zorn gewesen sein, als er Irlands Küsten schuf. Steine, Lehm und Bäume hat er mit großem Schwung ins Meer geworfen. Und noch viel Gras dazu. Niemand hat sich getraut zu protestieren. Die Felsen blieben in der Brandung stehen, und Bäume wachsen noch immer an den Stellen, wo Gott sie hingeworfen hat.«

Der Fremde wollte ihr zu Hilfe kommen. »Beichtväter wissen auch nicht immer alles.«

Ann runzelte die Stirn. »In meinem Leben ist es so«, sagte sie, »dass der Herr in seinem Zorn auf uns Iren drei Männer vor mich hingeworfen hat«, sagte Ann, »einen Dichter, einen Museumsdiener und einen Komödianten.«

»Du kannst dich nicht beschweren«, sagte der Fremde. Der Wind rüttelte an dem kleinen Fenster.

»Stell dir nur mal vor, Gott wäre eine Frau«, sagte Ann.

»Der Gedanke gefällt mir außerordentlich«, sagte der Fremde.

»Der weibliche Gott hätte mir vermutlich nur einen Mann geschickt«, meinte sie sinnend.

»Welchen?«, fragte er.

Ann legte eine Hand auf das Lachen vor ihrem Mund. »Fahr nicht nach Cork«, sagte der Mann. »Was willst du da?«

Die Frau hob ihre Schultern an. »Arbeiten. Leben. Die Hände aus dem Fenster halten, wenn es regnet.«

Der Fremde sah sie fragend an.

»Dann wisch ich mir die Tropfen von der Hand. Oder ich behalte sie«, sagte Ann, »ganz wie ich will. Glaubst du, dass es einen Regentropfen gibt, der mich mit einem anderen Regentropfen teilen will?«

»Nein«, sagte der Mann. »Möglicherweise hast du recht.«

»Und du?«, fragte Ann. »Was wirst du tun?«

»Ich spiele Kleist«, sagte der Fremde. »Und wenn du die Regentropfen zählst in deiner Hand, wird einer fehlen.«

»Du wirst fehlen«, sagte sie.

»Ja«, sagte er. »Ich werde nicht dabei sein.«

April an meinem Fenster

Mein Schatten springt den Nil entlang. Ich seh ihm zu. Das macht mir Spaß. Manchmal weicht der Fluss nach Westen aus. Dann irrt mein dunkler Punkt durch Wüsten. Bevor er sich darin verlieren kann, dreh ich ab. Ich hole mir den Fluss zurück. Träge windet er sich wieder in die runde Scheibe, die der Propeller vor mein Cockpit dreht. Wenn ich den Kopf nach rechts nehme, kommt der Nil ebenso zu mir zurück. Geht schneller, zugegeben. Macht aber nicht den gleichen Spaß. Tagelang allein und über Wüsten. Da spielst du Spiele. Mein Spiel heißt *Unisono*. Was bedeuten soll, dass wir eine Einheit sind, ich und mein Flugzeug. Nicht zu trennen. Ich wende nicht meine Nase, sondern die der Maschine. Unsere Nase. Schon kommt der Fluss ganz brav dahin, wo wir ihn haben wollen. Theoretisch könnte ich das Flugzeug auch in Rückenlage bringen. Dann wäre der Nil über uns. Wenn der Wassereimer neben mir nicht wäre, würde ich das tun. Wie viele gibt es schon, die sagen können: »Es war an einem Tage im Oktober. Ich hatte den Nil über mir.« Wenige.

Der Eimer stammt aus Kairo. Vor drei Tagen hab ich ihn gekauft. Er ist sein Geld wert. Handtücher schwimmen in dem Eimer. Alle zehn Minuten lege ich ein nasses Tuch auf meinen Kopf. Das Wasser ist nicht kühl, doch kühler als die Luft im Cockpit. Ohne die Handtücher hätte ich schon lange einen Sonnenstich. Selbst der Tankwart in Khartum, ein Schwarzer, hat geschwitzt. Warum ziehn die Konstrukteure das Plexiglas der Kanzel zurück bis oben über den Kopf von uns Piloten? Ich wette, sie wissen's selber nicht. Oder sie fliegen nur bei grauem Himmel.

Charles Lindbergh hat gewusst, wie man es macht. Seine *Spirit of St. Louis* hatte nur zwei kleine Fenster. Seitwärts. Keine Sonne der Welt hat ihn grillen können. Andererseits – vielleicht hätte Lindbergh liebend gern auch mal nach vorn gesehen. Oder nach oben. Über dem Atlantik, selbst an einem Tag mit Regen, kann der Blick nach vorn romantisch sein. Ich weiß das aus Erfahrung.

Die Nadel auf dem Radiokompass ist sich einig mit dem Fluss. Beide weisen nach Süd-Süd-West. Das Funkfeuer steht in Malakal. Bis gestern, als ich noch in Luxor war, hatte ich von Malakal nie was gehört. Ehrlich.

Der Fluglotse auf dem Turm von Luxor hat gesagt, Sprit gäb's nur in Khartum, Malakal und Juba. Beim Abstecken der Kurse und als ich die Reichweiten errechnen wollte, hab ich Malakal lange Zeit nicht finden können. Juba schon eher. Wenn ich erst mal in Juba bin, hab ich's fast geschafft. Von Juba bis Nairobi ist es nicht mehr weit.

Der ägyptische Fluglotse hat mir erzählt, hier käme nur sehr selten jemand einmotorig durch. Und eine Genehmigung, den Sudan zu überfliegen, hätte keiner der Männer je gehabt. Nicht, soweit er sich erinnern könne.

»Vor vier Monaten hab ich den Antrag gestellt«, sagte ich, »auf der Botschaft des Sudan bei mir zu Haus«, und der Ägypter hat genickt: »Immer das gleiche Lied. Den anderen vor Ihnen ist es ebenso ergangen.«

Vier Monate warten auf ein Stück Papier, das schließlich gar nicht kommt! In aller Ruhe hab ich die Wohnung verkauft, die paar Möbel und den Wagen. Erstaunlich, wie leicht man sich von Gegenständen trennen kann. Nur ganz Persönliches steht fest verschnürt im Keller von Bekannten. Fliegerkarten, Bücher, Fotos hinter Glas. Zwei Kisten mit Schnitzereien, Masken. Nichts Kostspieliges, keineswegs. Wertvoll allenfalls für mich. Erinnerungen an dreißig Jahre Fliegerei. Ich habe sie gut eingepackt. Wer einen neuen Anfang machen will, lässt die Erinnerungen besser, wo sie sind.

So gut wie täglich hab ich bei den Sudanesen nachgefragt. Die Botschaft schob mich auf die lange Bank. Ich hatte keine Wohnung mehr. Kaum Freunde. Nichts zu tun. Ich stand herum. Auf einem Bein, wie Rumpelstilzchen. In einem Wald aus fremden Häusern. Da bin ich auf die Insel Sylt geflogen.

Auf Sylt bleibst du nicht lang allein. Das Mädchen unterm roten Kliff wollte wissen, wo wir uns nach den Ferien wiedersehen.

»Nirgendwo, mein Schatz«, hab ich gesagt. »Für dich und mich kann es nur diesen kurzen Sommer geben.« Mitte September reiste sie zurück an ihre Universität. Im Oktober teilte ich mir den Strand nur noch mit Möwen. Kalter Wind kam auf, und es begann zu regnen. »Fliegen Sie los«, sagte der Sudanese am Telefon. »Machen Sie in Rom Station. Bis Sie da angekommen sind, liegt die Überfluggenehmigung bei unsrer Botschaft für Sie bereit.«

Ich kam bei der Botschaft an, und niemand wusste etwas über mich. Die Diplomaten schickten mich nach Athen. Dort zogen Sudanesen ihre Schultern hoch: »Vielleicht in Kairo. Wir kündigen unsrer Botschaft Ihren Besuch per Telex an.« Der Luftfahrt-Attaché in Kairo wischte mit flacher

Hand auf einem leeren Tisch herum. Ich zwängte mich durch Kairos Menschenmassen, kniete neben Männern in Moscheen und kam am nächsten Tag zurück. Die Botschaft war geschlossen. Ich hab den Eimer gekauft und bin nach Luxor geflogen. Der Fluglotse hatte nichts zu tun. Auf dem Platz war kaum Betrieb.

»Machen Sie es wie die anderen.« Er hatte gegähnt und die Zeitung aus der Hand gelegt. Das bisschen Haar, das ihm verblieben war, stand in krausen Büscheln neben ziemlich großen Ohren.

»Wie haben die andren es gemacht?«

»Genau wie wir es heute mit Ihnen machen werden: Sie schreiben Ihren Flugplan, und ich gebe den per Telex nach Khartum. Wenn bis morgen früh kein abschlägiger Bescheid vorliegt, starten Sie ganz unbekümmert. Ich gebe Ihnen eine Kopie von meinem Telex mit. Das ist Beweis genug für Ihren guten Willen.« Was er sagte, leuchtete mir ein.

Ich machte Yoga, um die steifen Knochen zu entkrampfen, stieg Treppen zu Königsgräbern runter und schlenderte durch den Palast von Theben. Nachmittags döste ich ein wenig in der Sonne, sah Araberinnen zu, die im Fluss Wäsche wuschen. Im Hotel, nach dem Dinner, pokerte der Barmann mit mir um die Drinks.

»Ich eigne mich nicht sonderlich zum Touristen«, sagte ich zu ihm. »Auf den Gedanken, Altertümer auszugraben, werde ich kaum kommen. Was morgen los ist, das ist wichtig.« Der Barmann grinste. Er hatte kein Wort von mir verstanden.

Mit dem ersten Licht des Tages stieg ich in Luxor auf den Turm. Der Fluglotse vom Tag zuvor hatte keinen Dienst.

Der Neue war nicht informiert. Von meinem Flug über den Sudan hatte er nie etwas gehört. Ein abschlägiger Bescheid war nicht gekommen. Aus Khartum lag überhaupt nichts vor. Ich warf eine Münze in die Luft und wusste selbstverständlich vorher, dass ich fliegen würde.

Ein Riesenland, dieser Sudan. Beide Tankanzeigen lehnten sich nach links in Richtung LEER, da kam Khartum in Sicht. Flugzeit: sechs Stunden zwei Minuten. Die Tankwarte sahen mich kaum an. Niemand hatte irgendwelche Fragen. Khartum sieht, aus der Luft betrachtet, nach sehr wenig aus. Flache Häuser. Wellblechdächer. Trotzdem – ich wär schon gern mal durch den Staub der Straßen da gebummelt. Vielleicht hätte mir die deutsche Botschaft den Wisch besorgen können, den ich so dringend brauchte. Andererseits – die Offiziellen von Khartum wollten nichts von mir. Wenn die Hauptstadt keine Fragen hat, wird anderswo wahrscheinlich auch nicht viel gefragt. Es war wohl besser abzuhauen. Und es wurde Zeit, ans Ziel zu kommen. Zu der Verabredung in Nairobi bin ich bereits vier Monate zu spät. Die Frau, die auf mich wartet, heißt April. Sie lebt in Scheidung. Ihre Töchter sind zehn und zwölf. April. Komischer Name, zugegeben. Wenn es nach mir ginge, würde April *Hazel* heißen. Augen und Haare sind rötlich dunkelbraun. Wie Haselnüsse. Ihre Töchter kenne ich nur von Fotos. Ein bisschen staksig, dürr. Sonst ganz hübsch. Farben wie die Mutter. Sie leben in einem Internat. Außerhalb Nairobis, sagt April.

Der Motor läuft rund. Alle Anzeigen auf normal. Kein Wunder – die Maschine ist nagelneu. Die Hälfte meiner Ersparnisse steckt drin. Die Investition hat sich gelohnt.

Das Flugzeug ist ein guter Griff. Manchmal gibt's Zitronen, Kisten, die sie an einem Montag gebastelt haben. An Montagen sind die Burschen oftmals noch verkatert. Oder schlecht gelaunt, weil ein Mädchen das Wochenende über nicht rumzukriegen war. So eine Maschine lässt du lieber in der Halle stehen.

Das Außenthermometer zeigt 25 Grad Celsius. In dieser Höhe! Muss das 'ne Hitze sein da unten. Das Land den Fluss entlang ist fiebrig-grün. Sümpfe. Ich kenne das von Südamerika. Gleich hinter den Sümpfen fängt die Wüste an. Sie nimmt kein Ende. Am Schluss stößt sie mit dem Himmel zusammen: ein dünner Strich. Ohne Übergang wird dort der Himmel gelb. Und die Wüste blau.

April.

Ihr Mann war einer meiner Auftraggeber. Generalvertreter für Cessna in London, Nairobi und Johannesburg. Ich hab ihm die Maschinen von den Staaten nach London geflogen. Wie viele werden es gewesen sein? Aus dem Gedächtnis nicht zu sagen. Einsame Flüge waren das. Tag und Nacht zwischen Gummitanks im Cockpit. Alle paar Stunden umtanken. Sprit in die Flächen hoch. Und zum Trinken Cola. Ab und an mal Speed, diese Pille, die verhindert, dass du schläfst. Und wenn du dann in England bist, liegst du ganze Nächte wach. Gehst in deinen Pub.

Warum hast du es eigentlich zu nichts gebracht? Andere Piloten fliegen Linie. Haben ein Haus mit Garten. Frau und Kind. Vertrag mit Pensionsberechtigung. Nein, du würdest nicht mit ihnen tauschen. Ehrlich. Mit dem Gedanken gehst du in die Sauna. Und bist wieder fit for action. Aprils Mann schickt dich per Linie nach New York.

Auf dem Weg zurück nach London sitzt du wieder zwischen gelben Gummitanks, dem Schlauchboot und einer Schwimmweste, die zu unbequem ist, um sie ständig umgeschnallt zu tragen.

Während der ersten Nordatlantikflüge nimmst du noch Bilder in dir auf: silberne Sonnenfinger, die aus Wolken zeigen. Schaumkronen über Wellen. Wasserberge, die sich auf Frachter stürzen. Das Rot des Himmels, beim ersten Licht des Tages sich in Blau verlierend. Das Brummen des Motors, das zu Melodien wird, wenn du den Kopf hin und her wirfst, um den Schmerz aus deinem Rücken zu vertreiben. Bei den ersten Überführungsflügen wartest du noch auf die Küste Irlands, bist gierig auf den dünnen weißen Strich am grauen Horizont, und wenn du an Shannon vorüberkommst, ist Cornwall nicht mehr weit, und du stellst das Fenster auf und rufst den kleinen Cottages unter dir die ersten Worte zu, die den Briten sagen sollen, du hast den Flug geschafft, willst wieder mal mit einem reden, nach so langer Zeit. Obgleich das ja nicht stimmt. Du hast pausenlos geredet. Den halben Tag und auch die Nacht. Mit dir!

Es ist wahr: Ich rede ständig. Mit dem anderen im Cockpit. Mit dem Einzigen, der zuhört, ab und an was sagt, und der seine eigene Meinung hat. Dem, der in mir sitzt. Und mich oft quält. Wenn April in der Nähe ist, sagt er kein Wort. Doch sobald ich meine Gedanken zu ihr wandern lasse, meldet er Besorgnis an. Ich bin rastlos. Das muss zugegeben werden. Bei den ersten Flügen war das anders. Da habe ich die Schönheit noch gesehen. Heute sehe ich die kaum mehr. Selten.

Hoffentlich wird es mit April nicht auch so sein. Schweigend seh ich auf den Fluss dreitausend Meter unter mir.

Bisher hab ich's noch nirgends lange ausgehalten. Bei keinem Menschen.

Und in keinem Land.

»Ich bin älter geworden«, sage ich zu mir. Laut. »Wird Zeit, dass ich zur Ruhe komme.«

Am liebsten. Denn es bleibt ja keine Wahl. Mit dem Atlantik ist es aus.

Ich lausche dem Gedanken nach.

Flugzeuge werden jetzt per Schiff gebracht. Zerlegt in Einzelteile. Gut verpackt in Kisten. Auf Containerschiffen. Das ist billiger für Aprils Mann. Sein Geschäft, das kracht nur so. Ich nicke. »Seine Sekretärin ist sehr tüchtig. Er wird sie heiraten. Das Verhältnis dauert bereits Jahre.«

Sagt April.

»Ja. Sagt April.«

Glaubst du alles unbesehen, was April sagt?, fragt der Quäler.

»Ja«, sage ich und nehme das trockene Tuch von meinem Kopf.

Ich sehe auf die Borduhr. Erst zwölf Minuten, und der Stoff ist trocken. Das neue, nasse Tuch tut gut. Drei Rinnsale bahnen sich unabhängig voneinander ihre Wege durch mein Haar. Meinen Hals hinunter. Ein Rinnsal links, das andere rechts. Das dritte bleibt neben meiner Nase hängen. Schielend sehe ich dem Tropfen zu. Warte, bis er sich zum Sturz entscheidet. Er zerplatzt auf meinem nackten Oberschenkel. Mein Hemd und die Khakihose liegen auf dem Sitz des Co-Piloten. Bei solcher Hitze fliege ich grundsätzlich in Badehose.

Ich sehe wieder aus dem Fenster. Mein Schatten springt den Fluss entlang.

»Der Nil. Drei Buchstaben. Und zwei verschiedene Flüsse.« *Ja. Der Weiße und der Blaue.*

Wer, glaubst du, hat sie so benannt?

Wie immer wohl ein Brite. Unter einem Tropenhelm. Entdecker Weltberühmt. Hieß er nicht Burton?

»Weiß nicht«, brummele ich vor mich hin.

Glaub mir nur, der Mann hieß Burton.

»Wo aber kommt der Fluss wohl her?« Ich angele nach der Anschlusskarte. »Der Weiße Nil fließt raus aus dem Victoria-See.«

Sieht ganz so aus.

»Und der Blaue?«

Kommt, wenn ich nicht irre, aus Äthiopien.

Äthiopien. Forscher sagen, Jesus Christus stammt daher.

An der Sache ist vielleicht was dran.

Der Gottessohn soll schwarz gewesen sein.

Sagt April …

Bildschön.

Ja.

Bildschön und schwarz.

Den Gedanken mag sie sehr

April.

Sie hat mich in ihr Leben eingeladen. Nach Nairobi. Erst in Briefen. Dann in einem Ferngespräch, mitten in der Nacht.

Nicht eingeladen, meint der Denker hier im Cockpit. *Zunächst einmal befohlen. Später, zwischen Kissen, angefleht.* Ich sehe mir beim Nicken zu. Stimmt. Sie möchte, dass ich zu ihr komme. Bei ihr bleibe. In einer Villa. Nairobi muss da wohl am schönsten sein. Rosslyn heißt die Gegend.

Ringsum nichts als Kaffeepflanzen. Die Töchter kommen wochenends vom Internat nach Haus. Von Montag an bis Freitag fühlt sie sich allein. Sie hat zwei schwarze Angestellte. Kikuyus. Beide. Eine Köchin und ein Mann. Einer, der putzt und fährt und repariert. Die beiden sind April ergeben. Haben April großgezogen, als Kind schon auf dem Schoß gewiegt. Beim Aufstand der Kikuyu, beim Mau-Mau gegen die Briten, haben die nicht mitgemacht. April hat jede Nacht mit einem Revolver unterm Kopfkissen geschlafen. Wenn du denkst: ein Schulmädchen. Und kennt schon Waffen. Mein Schatten springt weiter über Fiebersümpfe. Sattes Grün. Der Nil läuft stetig auf aus Süd-Süd-West.

April ist kein junges Mädchen mehr. Keineswegs. Doch ihre vierzig Jahre siehst du ihr nicht an. Sie zieht die Stirn oft kraus. Und um die Augen hat sie ein paar Falten. Ihr Körper allerdings ist jung geblieben. Sehr sogar. In meinem Bordbuch steckt ein Foto. Ich ziehe es heraus. April am Swimmingpool. Dahinter Kaffeepflanzen. Lange, dunkle Haare bedecken Aprils Brust. Wer wohl das Foto knipste? Als ich sie zum ersten Mal sah, hatte sie auch nicht sehr viel an. Es war Silvester. In London. Ein Fest bei Freunden ihres Mannes. In der Millionaire's Row, abgehend von Kensington High Street. Letztes Jahr? Oder dieses? Hängt davon ab, wann du auf die Uhr gesehen hast – vor zwölf oder danach. Es waren viele Menschen in dem Haus. Aprils Mann hab ich den ganzen Abend kaum gesehen. April hat mit mir tanzen wollen. Nur mit mir. Immer wieder. Unentwegt. Das erste Silvester meines Lebens, an dem ich nicht betrunken war. Aprils Kleid war sehr tief ausgeschnitten. Einmal rief sie nach einem Charleston. Außer ihr konnte niemand diesen Tanz. Ich auch nicht. Männer klatschten Beifall. April genoss das sehr. Sie hielt den Oberkörper beim Tanz nach vorn gebeugt. Mit flachen Händen berührte sie abwechselnd die Knie unter dem Saum an ihrem leuchtend roten Kleid. Ich sah ihren Brüsten zu. Rund und klein. Selbst im Rhythmus dieses Charleston bewegten sich die Brüste kaum.

Am nächsten Morgen, spät am Morgen, trafen wir uns noch einmal. Im Hydepark, Nähe Marble Arch. Kalter Wind. Eis auf Pfützen. Auch auf dem Rasen. Grauer Himmel. April fror in ihrem Nerz. Sie sah übernächtigt aus. Nicht so schön wie in der Nacht zuvor. Ihr Gesicht war ein wenig grau. Was wohl an dem grauen Himmel lag.

»Du bist der erste Mensch in diesem Jahr, zu dem ich spreche«, sagte ich.

April lachte. »Mir geht es ebenso. Auch mir hat heut noch niemand zugehört.« Ihre Stimme ist heiser, rau. Viel zu tief für diese zarte Frau.

»Wie ist das möglich? Ich meine, wenn keiner bei dir ist?« Sie hob die Schultern an.

»Wo sind die Töchter?«

»Bei meinen Eltern. In Gerrards Cross. Nicht weit von hier.«

»Und dein Mann?«, fragte ich. »Schläft der noch?«

Sie machte eine Pause. »Bill ist nicht ins Hotel zurückgekommen.« Andere Frauen sehen auf ihre Fußspitzen bei einer derartigen Eröffnung. Oder zu den Wolken hoch. Andere vielleicht. April nicht. Keineswegs. April weicht Peinlichkeiten nicht gern aus. »Es ist nicht das erste Mal.« Das Lächeln auf ihrem schönen Mund war bitter.

Ich suchte Worte und konnte keine finden. Dann hab ich ihre Hand genommen und sie durch den Park geführt. Mit jedem Schritt auf dem gefrorenen Grund hab ich mich mehr in sie verliebt. Sie hat das wohl gespürt. Wortlos zog sie ihren Handschuh aus. Unsere Hände hielten sich nackt umklammert. Ganz fest. Als wären Hände Körper.

Ich wollte sie zum Lunch ausführen. Ins *Mirabelle*. Oder in ein andres Lokal der teuren Sorte. An einem solchen Tag zählst du nicht die Pfunde in der Tasche. April schüttelte den Kopf. Ihre Töchter erwarteten sie zum Mittagessen. In Gerrards Cross. Familientradition. Das Neujahrsessen findet jedes Jahr bei Aprils Eltern statt.

»Dann heute Abend«, sagte ich.

Sie schüttelte den Kopf. »Mein Flugzeug geht am Nachmittag.«

»Heute?«

Sie sah mich traurig an. »Als ich das Ticket für mich und meine Kinder kaufte, hatte ich mich noch nicht in dich verliebt.«

»Wohin geht dein Flug?«

»Nach Nairobi.«

Ich brauchte lange, bevor es mir gelang zu sagen: »Und warum?«

»Das Fortbleiben meines Mannes zwingt mich zu dem Schritt. Alles hat seine Grenzen. Ich nehm die Kinder und flieg nach Haus«, sagte sie. »Genug ist genug.«

»Hat das nicht noch paar Tage Zeit?«, fragte ich. »Deine Flucht nach Afrika?«

Sie schüttelte den Kopf. Ihre Lippen wurden schmal. »Es ist keine Flucht.«

»Vor wenigen Minuten wusste ich noch weiter«, sagte ich. »Jetzt weiß ich gar nichts mehr.«

April sah mich an. Auf ihrer Stirn lagen drei, vier enge Furchen.

»Ich bin in den Park gekommen, um einem Mann die Frau zu nehmen«, sagte ich. »Wie kann ich das, wenn der Mann nicht ins Hotel zurückkommt und seine Frau vor mir nach Nairobi flieht?«

April hielt sich die Hand vor ihren Mund. Ihre Augen lachten.

»Ehrlich«, sagte ich. »Der Kerl hätte in sein Hotelbett fallen sollen. Den Rausch ausschlafen. Am Morgen wärst du in sein Zimmer nebenan gegangen und hättest ihm gesagt, dein Koffer ist gepackt und so einen Kerl von Ehemann willst du nicht mehr sehn. Du wärst deinem Mann davongelaufen. Durch die ganze Stadt. Bis hin zu mir.«

April nahm mein Gesicht in ihre Hände.

»Wenn der Kerl allerdings nicht mal eifersüchtig ist«, sagte ich. »Und woanders schläft …«

»Hör auf«, sagte sie.

»Dein Mann steht mir auf andre Weise im Wege, als Männer einem sonst im Wege stehen können«, sagte ich.

April lachte wieder: »Eine unorthodoxe Betrachtungsweise.«

Ich musste selber lachen. Wenn mir auch schmerzhaft ernst zumute war. Wir gingen schweigend weiter. Was zu sagen war, hatten wir uns gesagt.

An der Park Lane stand ein Bobby. Er riss ein Blatt aus seinem Polizistenbuch, als April mich nach meiner Adresse fragte.

»Meine kannst du leicht behalten«, sagte sie. »Postfach 15 in Nairobi.« Mit den Fingern ihrer Hand, die keinen Handschuh trug, griff sie in mein Haar. »Ich bin vernarrt in seine weißen Haare«, sagte sie zu dem Bobby. »Einmalig. Seidenweich. Finden Sie nicht?«

Der junge Polizist war verlegen. Er steckte das Buch zurück in seine Tasche.

»Ich werde dich vermissen«, sagte ich. »Ehrlich.«

Sie küsste mich. Der Bobby sah uns zu. April wischte mir den Lippenstift vom Mund. Dann lief sie fort. Am Ende der Park Lane stieg sie in ein Taxi. Sie hat sich nicht mehr umgedreht.

Die Sonne brennt sich durch die dunkle Brille tief in meine Augen. Alles ringsum wird farblos weiß: Instrumente, Himmel, Sumpf und Wüste. Das Land da unter mir ist flach. Nirgendwo ein Hügel. Wer hier lebt, muss denken, dass die Erde flach wie 'n Teller sei.

Ich wechsele das Handtuch noch einmal.

Beim Aufblicken kommt der Platz in Sicht. Drei Stunden zwanzig hatte ich berechnet. Nach zwei Stunden zweiundfünfzig bin ich schon vor Malakal. Vermutlich Rückenwind. Und ziemlich stark. Das wird's wohl sein. Kaum möglich, dass ich mich so verrechnet habe.

Der Platz da vorn hat eine schwarze Piste, riesig lang. Zwei Taxiways nach Westen weg. Dazwischen steht ein Wellblechhaus. Und ein Sendemast. Sonst nichts. Kein andres Flugzeug. Keine Feuerwehr. Nirgendwo ein Mensch. Nicht mal ein Jeep steht irgendwo herum.

Vielleicht ist das gar nicht Malakal? Ich schalte den Autopiloten aus, nehme Gas zurück und gehe steil nach unten. Im letzten Moment fällt mir der Eimer ein. Bevor er rollen kann, halt ich ihn fest.

Über der Wellblechbude kippt die Kompassnadel nach hinten weg. Bleibt mit ihrem Pfeil bei dem Sender in der Bude. Also ist das hier doch Malakal. Was es da an menschlicher Behausung gibt, versteckt sich weiter westwärts hinter hohem Schilf.

Ich hole mir das Mikrophon vom Haken. »Malakal Tower von Cessna Delta Echo Foxtrot Foxtrot India. Bin über Ihrem Platz.«

Aus meinen Kopfhörern kommt Rauschen. Vermutlich ist der Radiomann nicht zum Dienst erschienen. Oder vor Langeweile eingepennt. Also letzter Versuch: tiefer Anflug auf die Wellblechbude. Mit voller Kraft. Der Lärm reißt normalerweise jeden aus dem Schlaf. Nicht in Malakal. Das Radio schweigt, und niemand kommt unter dem Dach hervorgelaufen, Hand schützend über den Augen, mit der andren Hand Erkennung winkend.

Der Windsack hängt schlaff an seinem Mast. Ich setze das Fahrwerk auf den Beton und nehm den ersten Taxiway nach links. Langsam rolle ich zum Wellblechhaus. An der Tür hängt ein schweres Schloss. Die Fensterläden sehen zugerammelt aus.

Ich stelle den Motor ab, zieh die Bremse an und klettere aus der Tür. Die Wand, in die ich stolpere, ist transparent und heiß. Unter meinen nackten Füßen glüht Beton. Ich springe auf den Sitz zurück. Und höre die Moskitos kommen. Beim Zuknallen der Tür sind schon Hunderte um mich herum. Sitzen mir auf Hals und Händen, krabbeln über Plexischeiben, fallen in den Wassereimer, hocken träge auf der Fliegerkarte, kriechen mir in beide Ohren, saugen Blut aus meinen Schenkeln. Mit nassen Tüchern schlage ich nach dem ekeligen Zeug, erwische auch ein paar davon, doch der Kampf ist nicht zu gewinnen, weil es viel zu viele sind. Im Cockpit wird es stickig. Ich kriege keine Luft, muss aus der Maschine springen. Draußen stürzt sich auf mich, wer noch nichts zu saugen hatte. Ich denke mir, dass es Millionen sind. Jaulend hüpfe ich über brennend schmerzenden Beton zu einem Stück versengtem Rasen hin. Im Springen lasse ich das feuchte Tuch über meinen Kopf weg kreisen. Das wirbelt die Moskitos von mir fort. Nicht alle. Doch recht viele.

Ich bin voll Wut. Klettere an den Holmen hoch. Ziehe mich auf die Fläche der Maschine. Bäuchlings tu ich das. Atemlos reiß ich mir die Badehose runter, dreh den Spritverschluss nach rechts und steck die Badehose in den Tank. Der Stoff saugt sich in Eile voll. Vom Hals bis zu den Zehenspitzen reibe ich den Sprit auf meine Haut. An den Schenkeln brennt das Zeug, als hätte es da rohes Fleisch gefunden. Rohes Fleisch von meinem Luxor-Sonnenbrand.

Schmerz hin, Schmerz her, ich geh als Sieger aus dem Kampf hervor: Das widerliche Mückenvolk lässt von mir ab. Hockt dunkel rings um mich herum. Brüllend dresche ich auf die Biester ein. Und seh ein Bild, urplötzlich, was mir den Atem stocken macht: Die Schläge meiner Badehose fegen alles, was da an Widerlichem hockt, über die weiße Fläche weg und durch die runde Öffnung in den Tank! Meine Hände, eilig, zitternd, pressen den Verschluss in seine Führung, drehen die Scheibe bis zum Einklicken nach links. Moskitos, im Benzin ersoffen, sind des Piloten Tod. Der Vergaser saugt sie an, der Sprit bleibt weg, der Motor kotzt, dann bleibt er stehn. Immerhin: Ich hab ja nur den einen!

Unter mir brüllt plötzlich eine Hupe. Den Jeep hab ich nicht kommen hören. Sein Fahrer winkt mir einen Gruß nach oben. Ich sehe in das schwärzeste Gesicht, dem ich bisher begegnet bin. Hinter dem Jeep hängt ein Fass auf

Rädern. Die Reifen von dem Ding sind abgefahren. Dicker Rost an dem Fass hat die Buchstaben *Esso* unlesbar gemacht. Neben dem Fahrer sitzt ein Mädchen. Klein. Und schwarz. Sie starrt mich an. Ihr Mund steht offen. »Die Mücken«, sage ich zu dem Fahrer hin. »Ich musste mich mit Benzin einreiben. Wenn nicht, dann fressen mich die Moskitos auf.«

Der Schwarze sagt Worte, die ich nicht verstehe. Die Kleine dreht gehorsam ihren Kopf von mir zur Wellblechbude hin.

»Ihre Tochter?«, frage ich. Er nickt. Das ist gut: Der Mann kann mich verstehn.

»Ich steh nur selten nackt auf Flugzeugen herum«, sage ich zu ihm. »Sie hätten früher hupen sollen.«

Der Sudanese sieht mich an. Sagt kein Wort. Moskitos krabbeln über sein Gesicht. Er scheint sie nicht zu fühlen. »Bin ich der erste weiße Mann, den Ihre Tochter sieht?«

»Vor ein paar Jahren ist mal einer hier gewesen. Ashraf war noch klein. Sie wird sich nicht erinnern. Der Mann ist hier gelandet. Ich habe ihm Benzin verkauft. Er war bekleidet.«

»Ihr Gott hat Sie nicht mit einem Esso-Overall zur Welt gebracht«, sage ich, »und meiner dachte nicht an Hemd und Hose.«

Der Tankwart sagt: »Was Sie da von sich geben, versteht sich nicht sehr leicht.«

Ich springe von der Fläche. »Stimmt es, dass Europäer an gekochte Fische denken lassen?«

Der Mann beugt sich nach vorn. »Ja, gekochter Fisch, ja, ja!« Der gelachte Satz zerbricht an seiner Windschutzscheibe. »Und riechen tut ihr wie verfaultes Laub.«

Ich steige in mein Cockpit und ziehe Hemd und Hose über meine Blöße. »Ashraf, du kannst dich wieder umdrehn«, sage ich zu ihrem Hinterkopf. Ihr Vater lässt das zu.

Das Kind sieht lustig aus. Rundes Gesicht. Große schwarze Augen. Sanftmütig, wie bei einem Reh. Das Weiße in den Augen ist bei ihr gelb. Ihre Zähne, unter aufgeworfenen Lippen, sind von dem gleichen Gelb. Ihr Vater meint: »Sie sind früher gekommen, als Ihr Flugplan sagt.«

»Der Wind benutzt mich oft als Spielball«, sage ich zu der Kleinen in dem Jeep. »Heute hat er mich wie eine Hühnerfeder den Fluss hinauf zu dir gepustet.«

Die Kleine klatscht in ihre Hände. Mit gespreizten Fingern. Sie beugt sich vor und schnell zurück. Wie beim Tanzen sieht das aus. Das Mädchen steckt in einer Uniform, wie Kinder sie in manchen Ländern auf dem Weg zur Schule tragen. Frisch gebügelt. Weiße Bluse, grüner Rock. Blaue Strümpfe bis zu den Knien hoch. Ich nehme an, dass sie in ihrer Schule Englisch lernt.

Vom Westen her höre ich Motorenlärm.

»Unsere Soldaten«, sagt der Vater. »Wie viel Gallonen brauchen Sie?«

»Der linke Tank ist drei viertel leergeflogen, der rechte aber noch fast voll.«

»Morgen mach ich das«, sagt der Tankwart.

»Warum nicht jetzt?«

»Es ist Freitag«, sagt der Mann. »Ich fahre zum Gebet in die Moschee. Morgen machen wir den Tank voll bis hoch zum Rand.«

»Bitte kommen Sie, bevor die Sonne am Fluss Moskitos weckt«, sage ich. »Eine Stunde vorher, wenn es geht.«

Der Mann nickt.

»Ich schlafe hier in der Maschine. Für das Volltanken in Düsternis hab ich starke Akkulampen.«

»Wir haben Hotels in Malakal«, sagt der Tankwart. »Eines davon ist für Ausländer gedacht. Unsere Soldaten fahren Sie dorthin.« Ich denke mir, das Englisch von diesem Mann ist überraschend gut. Ganz sicher hat er das gelernt, als die Briten noch hier das Sagen hatten.

»Bis morgen, Ashraf«, ruf ich zu ihr hin.

Die Hand des Mannes streicht der Tochter übers Haar. Er lächelt. Seine pralldicke Oberlippe zieht sich bis zur Nase hoch. »Haben Sie Kinder?«

»Nein«, sage ich.

»Sie tun mir leid«, sagt er.

»Warum?«

»Wer wird sich am Ende Ihrer Tage um einen vergreisten Piloten kümmern, wenn er ohne Kinder ist?« Er wartet nicht auf Antwort. Der Jeep röhrt auf. Die Kleine hält sich fest an ihrem Sitz. Winkt, bis ich sie nicht mehr sehen kann.

Ich hol mir Socken und Safari-Clarks aus der Maschine und hüpfe auf einem Bein zur Wellblechbude hin. Das Schilf daneben überragt mich um gut einen Meter.

Ich fühl mich müde.

Und allein.

Schließlich kommen die Soldaten.

Sie tragen Khakihemden und weite Shorts und Hüte mit langen schwarzen Federn an den Krempen. Sie springen von dem Lkw und laufen emsig um mein Flugzeug rum. Die Männer scheinen mir erregt. Sie halten lange Bambusstäbe in den Händen. Auf ihren Rücken schwingen Karabiner. Ihr Anführer ist ohne Uniform gekommen. Er bleibt hinter dem Steuer des hochrädrigen Lasters sitzen und spricht leise vor sich hin. Seine Soldaten stehen wie erstarrt. Sie lauschen seinen Worten. Der Anführer wirft ärgerlich den Kopf zurück. Dann springt er hinunter auf den heißen Beton. Mit weiten Schritten geht er zu dem Wellblechhaus, hämmert mit seiner Faust von außen an das Blech der alten Tür. Die Soldaten knien nieder. Sie schlagen mit Bambusstöcken einen Trommelwirbel auf Beton.

Dann wird es still. Der Mann kommt grußlos auf mich zu.

»Guten Abend.«

»Hallo«, sage ich und binde mir die Schuhe zu.

»Haben Sie während des Fluges fotografiert?«

»Nein.«

»Warum nicht?«, will er wissen.

»Ich bin kein Fotograf«, sage ich. »Außerdem – was hätte ich schon fotografieren sollen?«

»Militärische Anlagen«, sagt der Mann. Er ist schlabberig. Fett. Wiegt gut dreihundert Pfund.

»Außer Wüste hab ich nichts gesehen«, sage ich. »Wüste und Nil. Sonst nichts.«

»Und am Rand des Flusses?«

»Ab und an ein Dorf«, sage ich. »Falls da was geheim sein soll, gebe ich Ihnen ein Versprechen ab.«

»Welches?«

»Ich werde keinem was verraten.«

Die Soldaten rollen Fässer heran. Die Fässer sind mit Beton gefüllt. Die Männer werfen Leinen aus und zurren mein Flugzeug an den Fässern fest.

»Erwarten Sie Sturm?«, frage ich.

Der Anführer hebt die Schultern an. Und schweigt.

»Was sagt der Wetterdienst?«, frage ich.

»Das Wetter braucht uns beide nicht zu kümmern«, sagt

der Sudanese. Er sieht mich dabei nicht mal aus den Augenwinkeln an. »Kommen Sie mit!«

Was der Mann da ruft, klingt wie Befehl. Ich seh ihn an und spür den Ärger kommen. Der Mann nimmt meinen Blick nicht auf.

»Los, los! Steigen Sie ein! Hier! Bei mir!«, höre ich ihn rufen.

»Bester Herr«, rufe ich zurück, »wenn Sie jemanden zum Befehlen brauchen, wenden Sie sich an Soldaten.«

Ich gehe zu meiner Maschine und hole den Pilotenkoffer vom Boden vor der hinteren Bank.

»Alles bleibt in dem Flugzeug, so wie's ist!«, ruft der Sudanese.

Ich atme langsam ganz tief durch. Und sag dem Ärger in mir, dass ich ihn nicht brauchen kann.

Meine Hände tasten alles ab, was in dem schwarzen Koffer ist. Pass. Pilotenschein. Geldbeutel. Bordbuch. Whiskybuddel. Fliegerkarten. Frische Wäsche. Necessaire. Leuchtpistole. Munition.

»Kommen Sie nun aber wirklich!« Das klingt, als ob er damit meint: Ich sage es nicht ein drittes Mal!

Der Fette zieht sich auf den Sitz im Fahrerhaus. Sein Bauch legt sich auf das Steuerrad.

Die Soldaten klettern zu der Ladefläche hoch.

Ich schiebe die Leuchtpistole ganz nach unten in den Pilotenkoffer und klappe den harten Deckel zu.

Im Fahrerhaus des Sudanesen stinkt es nach Zigarren. Und nach Schweiß. Der Lastwagen ist ein Bedford. Rechtsgesteuert. Engländer werden ihn zurückgelassen haben. Der Kunststoffüberzug der Sitzbank hängt in Fetzen. Zeltplanen decken Löcher zu. Der Anführer schlägt mit einer Zeitung nach Moskitos an der Windschutzscheibe. »Der Fahrtwind wird sie gleich vertreiben«, sage ich.

Wir rollen über Runway Eins Sieben bis zu einem Sandweg. Dann quält der Sudanese den Bedford im ersten Gang eine steile Böschung hoch. Die Soldaten auf der Ladefläche schreien. Einer von ihnen ist über Bord gegangen. Weiter oben auf dem Deich hält der Sudanese an. Die Soldaten zerren den Gestürzten zu sich hoch. Sie lachen. Dann trommeln sie mit ihren Bambusstöcken auf das Blechdach über mir. Der Sudanese fährt weiter. Rechts unter dem Deich schleppt sich der Fluss träge dahin. Sein Wasser ist dunkelbraun vom Schlamm.

»Die Zeiten in Ihrem Flugplan sind nicht korrekt«, sagt der Sudanese plötzlich.

»Niemand hat mir Rückenwind vorhergesagt.« Ich taste die Moskitostiche ab in meinem Gesicht. Es sind 'ne Menge. Bleibt zu hoffen, dass die Biester keine Malaria an ihren Stacheln hatten.

»Gab es in Khartum noch ein andres Flugzeug Richtung Süden?«, fragte der Mann.

»Weiß ich nicht.«

»Wie viele Maschinen standen in Khartum?«, will er wissen.

»Keine Ahnung«, sage ich.

»Haben Sie sich nicht umgesehen?«

»Nein.« Ich gähne.

»Sind Sie schon lange unterwegs?«

»Der Hotelportier in Luxor hat mir heute früh um vier den Tee gebracht.«

»Sie kommen aus Luxor?«

Ich nicke.

»Ohne Überfluggenehmigung.« Er sagt das leise. Ich sage nichts. Der Deichweg ist holprig. Ich stemme meine Hände gegen das Dach des Fahrerhauses. Der Sudanese wartet lange, bevor er weiterspricht. »Luxor hat Sie gehen lassen, ohne auf unsere Genehmigung zu warten?«

»Wie können Sie wissen, dass ich das Papier nicht habe?« Ich versuche grinsend auszusehn.

»Sie haben es?«, fragte er.

»Ihr Rätselraten geht mir auf die Nerven«, sage ich. Der Mann sieht mich an. Es ist das erste Mal, seit er mich kommandieren wollte. Ich lehne mich in meine Ecke. »Sie haben eine Air Force im Sudan, oder haben Sie die nicht?«

»Selbstverständlich haben wir eine Air Force.«

»Abfangjäger.«

»Ja.«

»Düsen.«

Der Mann nickt.

»Seit Sonnenaufgang fliege ich durch Ihren Luftraum«, sage ich. »Ohne Erlaubnis hätten mich Ihre Leute vom Himmel geholt.«

Der Sudanese schweigt.

»Es sei denn, Sie hätten keine Abfangjäger.« Das macht dem Mann zu schaffen. Ich döse eine Weile vor mich hin. »Aus Khartum liegt ein Fernschreiben vor«, sagt der Mann am Steuer. »Jemand fliegt einmotorig über unser Land. Von Nord nach Süd. Unerlaubt.«

Er wartet.

Ich sehe von ihm fort zum Fenster.

»Wegen eines Sportflugzeuges setzen wir keinen Abfangjäger ein«, knurrt er. »Unser Land fängt Eindringlinge auf andere Weise ab. Der Sudan ist unermesslich groß. Irgendwann muss ein jeder von euch mal landen. Um aufzutanken. Auf diese Weise erwischen wir Spione leicht.«

»Spione?« Ich überlege, was er damit meint. Die Sonne spiegelt sich gelb in dem breiten Fluss. Der Fahrer reibt sich mit der flachen Hand über krauses Haar. Er sieht auf die Sümpfe hinaus. »Monatelang kommt niemand einmotorig hier vorbei«, sagt er. »Halten Sie es für möglich, dass es heute gleich zwei Maschinen sind? Kaum anzunehmen. Oder?«

»Alles ist möglich«, sage ich.

»Zeigen Sie mir die Erlaubnis der Regierung.« Sein Ton ist militärisch, knapp.

»Morgen früh«, sage ich, »wenn Sie mich zum Flugplatz bringen. Meine Papiere sind in der Maschine.« Ich sehe über den Fluss hinweg und versuche, mich unbekümmert anzuhören. »Wenn Sie aber wollen, fahren wir gleich zurück zu meiner Maschine.« Ich hoffe, das Dröhnen seines Motors deckt die harten Schläge meines Herzens zu.

»Nicht nötig«, sagt er. »Das hat Zeit. Morgen lege ich Ihr Flugzeug an die Kette.« Vor meinen Augen wird es hell.

Schreck.

Angst.

Denken.

April.

Ihr Bild legt sich auf den braunen Fluss.

April.

Eine Wartende.

Frau am Pool.

Lange Haare.

Zarter Schleier.

Schleier über mädchenhafter Brust.

Das Hotel steht zwischen Wellblechhütten unter einem Deich. Wie es sich nennt, kann ich nicht sagen. Die Buchstaben am Eingang sind mir fremd. Das Gebäude ist ebenerdig, lang gestreckt, weiß gekalkt. Zwei Männer kommen vor die Tür. Wollen mein Gepäck. Der eine scheint mir an die zwei Meter groß. Der andre nur wenig kleiner.

Knöchellange Hemden. Mumus.

Seit Wochen nicht gewaschen.

Einer mit grünem Fez.

Der andere mit einem roten.

Die Riesen greifen sich die Henkel meiner Tasche. Gemächlich schlendern sie zur Tür. Winken mich freundlich in das Haus. Ihre Gesichter sind tiefschwarz. Ihre Hände, außen, auch. Innen sind die Hände rosa. Ich denke an das kleine Mädchen. Vorhin auf der Runway. Mit den weißen Zahlen Eins und Sieben. Auch ihre Hände, innen, sind von heller Farbe.

Die Soldaten springen von dem Laster. Bilden ein Spalier vor dem Eingang zum Hotel.

Die Lobby lässt mich denken, englische Kolonialbeamte der Jahrhundertwende hätten sie gestern erst verlassen: abgewetzte Ledersessel, grüne Einheitsfarbe wie in Hospitälern an den Wänden, Fußboden rot gewachst, blankpolierter Boden aus Beton. Spucknäpfe in den Ecken. Aschenbecher, randvoll. Auf einem Tisch die *Sunday Times*. Luftpost-Dünndruck. Wochen alt.

Der Anführer geht hinter einen Tisch aus Ebenholz. »Beginnen wir mal mit Ihrem Pass.«

Ich stelle mich zwischen ihn und den Pilotenkoffer. Nehme den Pass heraus. Die Leuchtpistole ist beim Rütteln in dem Bedford zugedeckt geblieben.

Der Anführer setzt sich eine horngerahmte Brille auf. Er macht das umständlich. Dann blättert er in meinem Pass. Schließlich sagt er: »Sie sind Deutscher?«

Ich nicke. Warte. An der Decke hängen Propeller, die sich drehen. Heiße Luft wirbelt sich um noch mehr heiße Luft herum. *Miefquirls*, sagt der Störenfried in meinem Innern, *so nenn' wir die Dinger bei uns zu Hause in Berlin.*

Der Sudanese sieht erstaunt auf von dem Pass. »Fünfzig Jahre schon?« Er schätzt mich ab. »Das hätt ich nicht gedacht.«

Aus dem Halbdunkel eines Korridors taucht der Mann auf mit dem roten Fez. »Sprechen Sie Englisch?«, frage ich ihn.

»Nein«, sagt der Anführer. »Hier spricht niemand Englisch.«

»Sagen Sie ihm, er möchte mir eine Flasche Mineralwasser bringen«, sage ich. »Für meinen Scotch.«

»Wir sind Moslems«, knurrt der Anführer.

»Ich weiß. Deshalb hab ich den Whisky vorsichtshalber mitgebracht.«

»Wir sind Moslems«, erklärt der Mann ein zweites Mal. »Alkohol ist nicht gestattet.«

»Ich gehöre nicht zum Islam«, sage ich. »Mir ist Alkohol erlaubt.«

»Ich lasse Ihnen Ginger Ale servieren.«

»Ginger Ale? Allein schon beim Gedanken wird mir schlecht.«

Der Mann lässt sich Zeit beim Studieren der Stempel anderer Länder in dem Pass. »Ginger Ale ist alles, was wir haben«, sagt er, ohne aufzusehen.

Ginger Ale! In dieser Hitze! Ich sage mir, eine Hand voll

Eiswürfel rein ins große Glas, darüber ließe sich noch reden, doch Eiswürfel aus Leitungswasser im Sudan, das ist der schnelle Tod.

»Da bin ich mal gespannt«, sage ich.

»Auf was?«

»Gespannt, ob mein Scotch dieses Gingerzeug erträglich macht.«

»In diesem Haus ist Alkohol nicht erwünscht«, brummelt der Anführer. »Ungläubige sollten darauf Rücksicht nehmen.«

Ich fische einen Silberdollar aus der Hosentasche. »Adler oder Zahl?«

Der Mann sieht mich fragend an. »Wir knobeln«, sage ich. »Wenn Sie gewinnen, trinke ich kochendwarmes Ginger Ale. Gewinne aber ich, genieß ich meinen Scotch und Sie stehn mir dabei nicht mehr im Wege.«

Ich warte.

»Also?«

»Glücksspiele sind auch verboten«, sagt der Anführer.

»Adler oder Zahl?«

Der Sudanese stöhnt. »Zahl«, sagt er dann. Und lässt ein Lächeln sehen. Seine Zähne stehen gelb und braun neben breiten Lücken.

Ich werfe den Dollar in die Luft und fange ihn auf. Es ist kein Kunststück, den Vogel nach oben auf die Hand zu klatschen. Den Männern hier, am Nil, ist der Trick offenbar noch unbekannt.

»Gewonnen«, rufe ich und mache die Pilotentasche auf. Der Johnnie Walker steht aufrecht am Kofferrand neben meiner frischen Wäsche. Darunter liegt die Leuchtpistole. Ich sage mir, dass es ein verdammter Fehler war, das Ding hierher gebracht zu haben. *Hattest du im Ernst daran ge-dacht, dich hier rauszuschießen?*

Whisky-Ginger ist fürchterlicher noch als fürchterlich. Ich halte mir die Nase zu. Andererseits … meine Lage ist zu ernst für Whisky unverdünnt. Es gibt viel nachzudenken. Ich brauche einen Plan. Nicht sofort. Doch morgen früh. Im ersten Licht des Tages, wenn wir vor der Maschine stehn, weiß der Sudanese, dass ich über sein Land ohne Geneh-migung geflogen bin. Was ich dann brauche, ist ein Telefon. Für einen Anruf in Khartum. Bei der Botschaft. Der deut-sche Attaché holt mich aus dem Schlamassel raus. Ohne Frage. Doch das kann dauern.

Ich strecke mich in dem Ledersessel aus.

April.

Wenn das Pech mir hold ist, wird für sie das Warten lang. *Frage ist nur: Wartet sie denn überhaupt?*

Sie wartet. Verlass dich drauf.

Und was, wenn nicht?

Dann wird es eine Zeitrechnung mit April geben und eine andere, ohne sie, danach.

An der Decke drehen sich gemächlich die Propeller. Sie schaffen keine andere Luft. Ich mache meine Augen zu. So ein Scotch kann vieles für dich tun nach einem langen Flug. Ehrlich. Er hilft bei Hunger. Und bei Müdigkeit. Auf jeden Fall für kurze Zeit. Und wenn du über das Wort Hoffnung grübelst, hilft der Scotch dir dabei auch.

Der Sudanese macht sich jetzt in einem Sessel ganz in meiner Nähe breit. Er lässt mich nicht aus seinem Blick. Unverhofft wirft er mir einen Satz entgegen: »Morgen sper-re ich Sie ein.«

Das sind keine Worte. Das sind Schläge. Prügel auf den

Kopf. Ich seh den Sudanesen an. Seine nächsten Sätze
kommen langsam: »Das Gefängnis ist zu weit von hier entfernt für diese Nacht. Sie werden heute ein letztes Mal im
Hotelbett schlafen.«

Was er da sagt, das kann nicht sein!

Sicher lacht er gleich. Hat mich nur erschrecken wollen.

»Noch einmal, deutlich«, sage ich.

»Sie sind unter Arrest.« Vor seinem Grinsen stockt mein
Atem.

Im halben Dunkel hinter ihm lehnt sich ein Bewaffneter
gegen eine schmutzig-weiße Tür. Vor dem Fenster geht die
Sonne unter. Ihr goldener Ball versinkt in einer Wand aus
Schilf.

Der fette Mann lehnt sich bequem zurück. Im Rhythmus
des Herzens spüre ich Schmerz in meinen Schläfen. Ich
sehe dem Anführer bei seinem Bemühen zu, meinen Pass
in die Tasche an seinem Hemd zu stecken. Er braucht lange,
bis er merkt, dass er es nicht zuwege bringt: Die Tasche ist
zu klein.

»Was sind Sie von Beruf?«

»Ferry-Pilot.«

»Was ist das?«

»Überführungsflüge. Neue Maschinen mit eigener Kraft
von den Staaten nach Europa bringen.« Ich gieße Whisky
nach. Die Flasche Ginger Ale ist leer. Ich frage nicht nach
einer neuen. »Geben Sie mir meinen Pass zurück«, sage ich.

»Sie haben nicht das Recht, ihn zu behalten. Der Pass ist
das Eigentum der deutschen Bundesrepublik.«

Der Anführer legt den Kopf zurück. Denkt nach.

»Lassen Sie mich weiterziehen. Morgen früh. Ich habe
nichts verbrochen.«

»Die Stempel hier in Ihrem Pass«, sagt er, »sind interessant: USA, Kanada, England, Zypern, Israel.«

Ich versuche zu verstehen, was ihn daran ärgern kann.

Er sagt: »Sie sind ein schwieriger Fall.«

»Warum?«

»Zu viele Stempel.«

»Und?«

»Sie sind am Ende Ihrer Laufbahn angekommen. Viel Zeit zum Fliegen bleibt nicht mehr in Ihrem Leben.«

»Ich hätte gern gewusst«, sage ich zu dem Fettwanst in dem Sessel, »was Sie an diesen Stempeln auszusetzen haben.«

»Die Stempel geben Auskunft darüber, wer Sie sind: ein erfahrener Pilot. In Ihrem Flugzeug liegt eine Kamera. Sie haben kluge Augen. Ihr Gesicht flößt Vertrauen ein.«

Ich schweige.

»Wer hat Sie zur Spionage angeworben? Amerika? Oder Israel?«

»Wenn ich nicht zu müde wäre, würde ich jetzt lachen«, sage ich zu ihm.

»Ihre Augen lachen nicht«, sagt der Sudanese. »Sie sind kalt. Voller Hass.«

»Möglich«, sage ich. »Wo ist hier ein Telefon?«

»Nehmen wir an, wir treffen uns in einem anderen Land, demnächst einmal«, sagt er. »Was würden Sie da gerne mit mir machen?«

»Ihnen alle Knochen brechen«, sage ich. »Oder Sie vergessen.« Ich stehe auf. »Wo ist hier ein Telefon?«

»Das Hotel hat kein Telefon«, sagt er.

»Dann fahren Sie mich zum Postamt«, sage ich.

»Es ist Freitag. Alles ist geschlossen«, sagt er. »Was wollen Sie auf der Post?«

»Telefonieren«, sage ich. »Oder ein Telegramm aufgeben.«

»An wen?«

Auf diese Frage kriegt er keine Antwort.

April.

Hat sie den Töchtern schon von mir erzählt? Ohne Frage hat sie das. Sie würde nie im Leben damit warten, bis ich vor ihrer Haustür steh.

Der andere in mir mischt sich ein: *Wenn es nicht gelingt, den Sudanesen umzustimmen, wird das bis zur Haustür noch ein weiter Weg.*

Ich nicke.

Richtig brenzlig wird's erst morgen. Nimm eine Mütze Schlaf.

Ja, gut. Nach diesem letzten Drink. Vielleicht gelingt's mir, meine Sorgen zu ertränken.

Sorgen können schwimmen.

Ich weiß.

Gefängnis im Sudan muss das Ende sein. Ratten. Faules Wasser. Und kein Telefon.

Vermutlich nicht. Auch keinen Rechtsanwalt. Keine Kaution.

Außerdem: Am Wochenende ist in der Botschaft ganz sicher niemand zu erreichen. Diplomaten spielen Golf. Oder gehn auf Jagd.

Ja. Vor Montag wird kaum etwas zu machen sein.

Montag bist du für April zwei Tage überfällig.

Ich will das alles noch nicht glauben.

Wo soll April dich bloß suchen lassen? Für eine Suche ist der Sudan eine Menge Land ...

So ein Mist. Ein gottverdammter Mist.

Schweigen.

In mir. Und um mich rum.

Auch die Propeller an der Decke schweigen. Drehen sich nicht mehr. Der Schmerz im Kopf ist wieder da.

»Im Schlaf haben Sie mit sich selbst geredet«, sagt der Sudanese. »Tun Sie das oft?«

»Ja«, sage ich. »Und nachts im Bett singe ich mich in den Schlaf.«

Ein letzter Schluck. Der Whisky schmeckt nicht mehr. »Wo ist mein Zimmer?«

Der Mann geht vor mir her. Im Korridor ist es düster. Ohne Luft.

»Hier«, sagt der Sudanese. Eine schmale Tür hängt schief in ihren Angeln. Vor der Tür steht ein Soldat. Den Karabiner hat er an die Wand gelehnt. Sein Anführer hält mir meinen Pass entgegen, grinst. »Sie können es behalten, dieses Eigentum von Ihrer Republik. Flucht von hier ist nichts als sicherer Tod. In diesen Sümpfen kennen nicht mal wir uns aus.«

Das Zimmer ist drei Meter lang. Zwei Meter breit. Unter der Decke eine Lampe. Roter Plastikschirm mit Fransen. Die Birne glüht nur schwach. Dann noch ein Bett. Es erinnert mich an Kriegsgefangenschaft.

»Wenn es Ihnen in dem Raum zu heiß sein sollte, können Sie auf der Veranda schlafen«, sagt der Sudanese.

Die »Veranda« ist ein Käfig. Drei Wände Fliegengitter strecken sich vom Lehmfußboden bis zur Decke hoch. Die Decke ist ein Wellblechdach. Links und rechts von meinem Käfig gibt es andere von der gleichen Sorte. Sie strecken sich das ganz Haus entlang. In jedem Käfig gibt es eine Pritsche.

Auf allen Pritschen hocken Männer. In dem Käfig neben mir wirft sich ein Araber jammernd hin und her. Über ihm hängt eine Glühbirne von der Wellblechdecke. Eine, wie sie über allen Pritschen hängt. Über meiner auch. Das Licht der Lampe zieht Moskitos an. Draußen, vor dem Fliegendraht zur Straße hin, brabbelt es tausendfach. Millionenfach. Nicht nur Moskitos. Fette Fliegen. Libellen. Wespen. Käfer. Alles wabert umeinander. In Dreierlagen. Das ist wie eine Wand. Schwarz. Klebrig. Ekelhaft. Alles will zum Licht. Will sich in den Käfig zwängen. Die Flügel der Insekten summen. Brummen. Decken alles zu, was es sonst an Tönen gibt. Was es an Klagen der anderen Gefangenen geben sollte. Ich denke mir, dass es in den Käfigen links und rechts von mir sicher viele Klagen gibt.

»Sind Sie sicher, dass dies ein Hotel ist?«, frage ich den Sudanesen.

»Was denn sonst?«

»Ein Hühnerstall.«

Der Mann sieht mich böse an. Die Anzahl seiner Blicke zähle ich schon lang nicht mehr. Sein Soldat bleibt vor der Tür. Schief, wie sie in den Angeln hängt, lässt sie sich nicht verriegeln.

Die Fassung der Birne über mir sieht verrostet aus. Doch sie lässt sich drehn. Eine Socke aus der Pilotentasche hilft dabei. Schützt meine Fingerspitzen vorm Verbrennen. Sorgt dafür, dass dieses Licht erlischt.

Die Pritsche unter mir ist hart. Ich rolle Hemd und Hose zu einem Kopfkissen zusammen. Die Leuchtpistole bleibt in der Tasche neben mir.

Mist.

Ein großer, elendiger Mist.

Ich mache meine Augen zu. Rette mich in Träume. In meinem Leben ist das so. Immer wenn ich nicht mehr weiterweiß, hole ich Bilder der Vergangenheit zu mir zurück:

Ein Alpenflug bei blauem Himmel und verschneiten Bergen. Nacht über Sabaudia und der herrlich schöne Körper einer Italienerin, deren Namen ich vergaß. Pokerspiele in New York mit Piloten, die für den Mann von April fliegen. Correction: die für ihn geflogen sind.

Aprils Mann wird sich auf die Schenkel schlagen, wenn er von meinem Verschwinden hört. Falls er es je erfährt. April hat vor Monaten geschrieben, dass er meine Briefe an sie fand. Damit hat er endlich einen Scheidungsgrund. Ob Briefe von Verschollenen vor Gericht Bedeutung haben? Kann sein, doch wichtig ist das keineswegs. April will die Scheidung sowieso. Alimente verlangt sie nicht von ihm. Geld hat sie von ihren Eltern her. Mehr als genug. Was sie will, ist eine Scheidung Zug um Zug.

April.

In den Wochen nach Silvester dachte ich, dass ich sie bald vergessen würde. Doch im Quadrat der Entfernung vermisse ich sie mehr und mehr.

Der erdachte Satz bringt mich zum Lachen: *im Quadrat der Entfernung*. Ich halte mir den Bauch. Quadrat der Entfernung. Ein Satz aus der Schule. Lange her. Als wär ich jemals mitgekommen auf der Schule! Mein Stammplatz war der Klassenletzte. Immer. Überall. Andere haben mir beim Abitur geholfen. Ohne Freunde hätte ich das Abi niemals schaffen können. Und bis heute geht es mir noch so – die Angst vor Examen, irgendwelchen, hat mich nie verlassen. Schweiß bricht mir aus, wenn ich zu einer Prüfung muss.

Bei Licht besehen, sind meine Briefe nur ein dünner Scheidungsgrund. Ein Mann, der mit einer Frau zuvor niemals wahrhaft glücklich war, spricht zögernd von einer neu entdeckten Zweisamkeit. Er schreibt verwundert, dass es leider nicht sehr viel gewesen ist, was ihm zum Erinnern bleibt: ein Charleston. Ein kalter Vormittag im Park. Ein Kuss vor einem Polizisten. Einmal, als er betrunken ist, schreibt dieser Mann, dass er den Zauber ihrer Brüste, den Kuss im Park, die Abschiedswehmut ihrer Augen nicht vergessen kann. Niemals mehr vergessen wird. Ja, schreibt er, er hat getrunken. Sitzt auf seinem Hotelbett in New York. Weit nach Mitternacht. 86. Straße, wenn er sich nicht irrt. Schreibt, dass er sie wieder sehen muss. Was für ein Leben ist das schon, ohne sie, jetzt, wo er doch liebt? Was soll ein Scheidungsrichter mit seinen Briefen schon groß wollen? Aprils Briefe, schreibt er, ja, das wäre schon was anderes, als Beweis für den Mangel an Treue zu dem Ehemann. Diese Briefe aber, schreibt er, wird der Richter niemals sehen. Weil es sie nur als Asche gibt. Er habe sie verbrannt, schreibt er, denn er bewahre Briefe niemals auf.

Ja.

Aprils Briefe.

Oft waren sie nur kurz. In einer Schrift, die sehr viel Platz einnimmt. In den Osterferien war sie mit den Töchtern auf Zelt-Safari. Im Tsavo-Park, der voller Elefanten ist. Ihr Mann ist nicht dabei gewesen. Sie weiß nicht, wo er ist. Wochen später schreibt sie von dem Amateur-Theater, in dem sie eine Rolle spielt. In einem Stück von T. S. Eliot. Englischer Dichter. Ich habe mir das Stück gekauft, aber nur den ersten Akt gelesen.

Einmal schreibt sie, dass sie nachdenkt über uns. Vor der

Kaffeeernte hat sie dafür Zeit. Im Nachhinein findet sie es arrogant, als ich, damals im Hyde Park, entschieden hatte, sie ihrem Mann wegzunehmen. Im Grunde sei dagegen gar nichts einzuwenden. Doch warum hatte ich sie nicht gefragt? Wie hätte ich nur wissen können, dass sie einverstanden sei? Auf solche Sätze antworte ich nicht im nächsten Brief. Weil ich nicht weiß, was ich dazu schreiben soll.

Im *Quadrat der Entfernung* werden Aprils Briefe zarter. Oft sind sie von Unruhe erfüllt. In solchen Zeiten gibt April Partys. Denn: »Was ist das schon, ein Leben ohne Lachen?« An das Ende eines jeden Briefes schreibt sie einen Kuss für mich. Dann wird es Sommer. Und sie steht am Fenster meines Zimmers.

»In welchem Stock sind wir?«

»Im achtzehnten«, sage ich. »Der See da vorne ist die Alster. Und gleich dahinter liegt der Hafen.«

»Viele Kirchtürme«, sagt sie mit ihrer tiefen Stimme, »Hamburg ist schöner, als ich dachte.«

»Wenn es nicht regnet«, sage ich, »dann schon.«

Sie hat nur einen Koffer mitgebracht. »Ich kann nicht lange bleiben.«

Am Abend will sie in die Disko, tanzen. Musik jagt überlaut durch meinen Kopf. Wir trinken Coke mit Rum.

»Lass uns nach Hause gehen«, sage ich.

»Warum?«

»Dein Mann sucht einen Scheidungsgrund. Bis jetzt gibt's dafür nichts als deine Briefe.«

April lacht und fährt mir mit der Hand durchs Haar. Dann wirbelt sie noch einmal neben andren Tänzern über das Parkett. Nachts, in meinem Bett, halte ich ein Kind in meinen Armen. Irgendwann weckt sie mich. »Bist du enttäuscht?«

»Nein. Warum?«

»Ich habe kaum Erfahrung«, sagt sie.

»Wenn es nichts weiter ist«, sage ich, »das lässt sich ändern.«

»Es fällt mir schwer, davon zu sprechen.«

»Dann sprich nicht«, sage ich.

»Ich springe nicht sofort zu jedem Mann ins Bett«, sagt sie.

»Nein«, sage ich, »das tust du sicher nicht.«

»Die Männer glauben das«, sagt sie. »Wegen meiner Stimme. Und weil ich gerne fröhlich bin.«

»Du bist eine Partynudel«, sage ich. »Man muss dich nehmen, wie du bist.«

»Glaubst du, dass du das kannst?«, fragt sie.

Ich nicke. »In den Jahren, die jetzt kommen«, sage ich … und breche ab. Weil es besser ist, nicht zu viel auf einmal auszusprechen.

April sieht mich mit ihrem Lächeln an. »In den Jahren, die jetzt kommen, machst du was?«

»Jedes Mal, wenn du tanzt, geh ich an die Bar was trinken.«

»Ich will aber mit dir tanzen.«

»Das ist gut«, sage ich.

April geht zum Fenster rüber. »Vor meinem Mann hat es …«

Sie spricht nicht weiter. Ich sage ihr, dass ich von anderen Männern nichts erfahren will. Ganz besonders nichts von ihrem Ehemann.

»Fliegst du noch für ihn?«, will sie wissen.

»Nein. Bevor er den Vertrag zerknüllen konnte, hab ich ihn zerrissen.«

»Und wovon lebst du jetzt?«

»Es gibt einen Fotografen, den ich vom Krieg her kenne. Wir fotografieren Bauernhöfe.«

»Aus der Luft?«

»Ja. Am nächsten Tag geht mein Freund zu den Bauern und verkauft die Bilder. In Farbe. Großformat. Schön gerahmt. Die Bauern hängen sich unsre Bilder übers Sofa in die gute Stube.«

»Fliegst du da tief an die Höfe ran?«

»Genau. Du weißt ja, wie das geht. Bist ja schließlich früher selbst geflogen.«

»Früher ja. Seit den Kindern jetzt nicht mehr.«

»Manchmal, wenn es so beengte Häuser sind, mit Nachbardächern gleich daneben, muss ich steil von oben ran.«

April lacht: »Mit einem kalifornischen Riesenslip bis nahe hin zum Dach?«

»Genau. Mein Freund hängt festgezurrt in der Öffnung auf dem Sitz hinter mir. Die Tür hab ich ausgebaut. Mein Freund ist ein guter Fotograf. Seine Bilder gehen spielend weg.«

»Ungefährlich«, sagt sie, »bei Turbulenz, und in geringer Höhe, ist so ein Riesenslip nicht immer.«

Im halben Licht der Nacht sieht sie zerbrechlich aus. Sie fragt: »Was muss ich tun, damit du dich noch einmal wie wild benimmst?«

»Geh mit deinem Mund auf mir spazieren.«

Im Morgengrauen kommt ihre heisere Stimme vom Fenster her. »Die Stadt ist schön. Besonders nachts.«

Hinter ihr, an der Scheibe, hängen Tropfen.

»Regnet's? Immer noch?«

»Ja«, sagt sie. »Ich kann nicht schlafen.«

»Pladdert's? Richtig stark?«

»Ja«, sagt sie. »Ich hätte einen Trenchcoat mitbringen sollen.«

»Wir gehen einen kaufen«, sage ich. »Vor mir liegt ein freier Tag. Bauern kaufen ihre Höfe nur bei Sonnenschein.«

»Du hast mich nicht gefragt, warum ich in Hamburg bin«, sagt sie.

»Nein. Solche Fragen frage ich nicht gern.«

»Mein Mann hat mir die Kinder weggenommen.«

Ich warte darauf, dass sie weiterspricht. Und weiß nicht, was ich sagen soll. »Es scheint Tag zu werden«, fällt mir dann ein. »Neben dem Bahnhof Mundsburg ist ein Kirchturm. Sieh mal auf die Uhr.«

»Gleich fünf«, sagt April. »Willst du von den Kindern hören?«

»Alles.« Ich stehe auf und geh zu ihr. »Erzähl.«

»An einem Wochenende fand ich mich allein. Die Mädchen waren nicht aus dem Internat zurückgekommen. Mein Mann hatte sie entführt. Nach London. Als sie ihm lästig wurden, gab er sie bei meinen Eltern ab.«

»Und jetzt holst du sie dir zurück.«

»Ja«, sagt sie. »Doch vorher wollte ich dich wieder sehen.«

»Komm auf dem Rückweg noch einmal vorbei«, sage ich.

»Mit den Kindern?«

»Ja«, sage ich. »Irgendwann werden sie mich kennenlernen müssen.«

Sie nickt. »Irgendwann. Nicht jetzt sofort ...«

Das Wasser fällt den ganzen Tag vom Himmel. Wir drücken unsre Nasen an die Fensterscheibe. Regenschirme wogen über alle Straßen.

»Kein Tag für eine Stadtrundfahrt«, sage ich.

»Nein«, sagt sie, »wir bleiben lieber hier.«

Ihr Blick wandert durch mein Zimmer. Ein Bett. Ein Schaukelstuhl. Ein Mini-Fernsehapparat, schwarzweiß, aus Japan. Das Telefon am Boden. Stapelweise Illustrierte. Sonst nichts.

»Wenn du mir schreibst, wo bist du dann?«, fragt sie.

»Am Küchentisch«, sage ich. »Manchmal auch im Bett.«

»Seit wann hast du deine weißen Haare?«

»Schon ewig«, sage ich. »Es liegt in der Familie. Mein Vater war weiß. Und der Vater vor ihm auch. Das muss ein toller Hecht gewesen sein nach allem, was ich höre. Er hat 'ner jungen Frau ein Kind gemacht, kurz bevor er zweiundachtzig wurde.« April klatscht vor Freude in die Hände. Dann sieht sie mich prüfend an. »Wie alt bin ich, wenn du mal zweiundachtzig wirst?«

»Zweiundsiebzig«, sage ich.

»Allmächtiger!«, ruft April.

»Ja«, sage ich, »entschieden zu alt für einen guterhaltnen Lümmel von zweiundachtzig.«

In der Badewanne will sie wissen, ob ich am Weltkrieg teilgenommen habe.

»Ja«, sage ich, »als Flieger.«

»Bomber?«

»Nein. Nachtjäger. Über dieser Stadt. Gott, ist das lange her.«

»Hast du andere abgeschossen?«, fragt sie.

»Ja«, sage ich.

»Auch Engländer?«

Ich nicke. »Engländer auch.«

Mittags grille ich uns Steaks. »Hoffentlich gefällt dir meine Art, Salat zu machen«, sage ich. April sieht mir von einem Küchenhocker zu.

»Warum fliegst du nicht für Lufthansa? Oder eine andere Linie?«

»Möchtest du mich in Dunkelblau? Mit vier Streifen an den Ärmeln?«

»Erzähl.«

»Erzähl was?«

»Warum nicht?«

Ich gieße Wein in unsere Gläser. Grauburgunder. Zwei Jahre alt. Und trocken.

»Sie haben mich nicht genommen«, sage ich.

»Wie ist das möglich?«, fragt April.

»Es lag am Theoretischen. Ich bin mit Glanz durch alle Prüfungen gesegelt.«

April lacht, bis ihr die Tränen kommen. Ihr Lachen klingt noch tiefer als die Stimme, wenn sie spricht.

Den Nachmittag verbringen wir im Bett.

»Du bist ausgehungert«, sage ich.

»Möglich«, sagt sie, »aber es kann auch sein, dass ich dich liebe.«

Der Tag beeilt sich, uns davonzulaufen.

Abends schleppt sie mich wieder in die Diskothek. Ich tu ihr den Gefallen, verrenke meine Glieder.

Auch diese Nacht kann sie nicht schlafen. Sie sitzt im Fenster. Raucht. »Wie kommst du mit Kindern aus?« Im Zimmer ist es dunkel. Der Regen hat nicht aufgehört. Wenn die Frau an ihrer Zigarette zieht, leuchtet ihr Gesicht.

»Schwere Frage«, sage ich. »Es mangelt an Erfahrung.«

»Fühlst du dich wohl in dieser Stadt?«

»Ja«, antworte ich. »Sie liegt mir sehr.«

»Komm zu mir nach Nairobi«, sagt sie.

»Gern«, sage ich. »Und dann was?«

»Was gibst du hier schon auf?«, fragt sie.

»Wenig«, sage ich. »Aber ich hab noch nie Kaffee gepflückt.«

Sie lacht. »Das machen andere.« Ich bringe ihr einen Aschenbecher. »Du hast ein großes Haus, zwei Kinder und viel Geld.«

»Und?«, sagt sie.

»Der Rahmen ist zu groß für mich. Ich kann ihn mir nicht übers Sofa hängen.« Sie trägt ein Hemd von mir. »Kenia ist ein wunderschönes Land. Ich bin dort geboren. Kannst du verstehen, dass ich nicht zurück nach Europa will?«

»Ja«, sage ich. »Wenn du da geboren bist …«

»Auch meine Eltern wollten nie zurück nach London ziehen«, sagt sie. »Dann musste Vater sich an den Augen operieren lassen. Er ist fast blind.«

Ich gehe zu ihr, streife das Hemd beiseite und küsse ihre Brüste. Sie schlingt mir ihre Arme um den Rücken. »Seitdem habe ich das Haus in Rosslyn ganz für mich.«

»Hör jetzt auf zu reden«, sage ich. »Und komm ins Bett.«

»Ich fühle mich allein in dem großen Haus«, sagt sie, »außer an Wochenenden, wenn die Kinder bei mir sind. Oder ein paar Freunde.«

»Eine einsame Partyjule und ein vom Wind zerzauster Mann, der endlich liebt«, sage ich und hebe sie von der Fensterbank. Sie ist sehr leicht. Ich lege sie aufs Bett und schalte alle Lampen an.

»Warum?«, fragt sie.

»Ich will dich betrachten«, sage ich. »Für den Rest der Nacht.«

»Warum?«

»Weil mir bis zu deinem Flugzeug nur noch ein paar Stunden bleiben.«

Ich wecke sie um sechs. Sie macht Kaffee. Wir schlürfen ihn im Bett. Vor dem Fenster regnet's weiter.

»Ich möchte nicht, dass du mich zum Flugplatz bringst«, sagt sie. »Lass mich in einem Taxi gehn. Allein. Zu zweit macht es den Abschied lang.«

Im Fahrstuhl klammern wir uns aneinander. Die anderen Leute kümmern uns nicht. Aprils Mund schmeckt nach dem Kaffee von vor 'ner Stunde. Ich geb dem Taxifahrer ihren Koffer.

»Sie kommen nicht mit?«, fragt er. »Ich darf nicht«, sage ich und bleibe im Regen stehen. Beim Winken werden Aprils Augen für mich schmerzlich klein und kleiner.

Das Bild der Augen in dem Regenfenster einer Taxe ist jetzt hundertdreiundzwanzig Tage alt. Ich hocke in einem Käfig. Und rechne noch mal nach. Ja. Hundertdreiundzwanzig. Lange Tage in der Vergangenheit. Die Gegenwart heißt Malakal. Und eine Zukunft scheint es nicht zu geben.

Ich strecke mich aus auf meinem Bauch. Die Pritsche unter mir ist hart. Der Soldat vor meiner Tür ist eingeschlafen. Vom Korridor fällt schwaches Licht auf Fliegendraht. Was daran rauf- und runterkrabbelt, ist jetzt nicht mehr viel. Die Ekligen sind wohl zu dem Lampenlicht anderer Gefangener geflogen.

In den Käfigen nebenan ist alles still. Meine Lider auf den Augen werden schwer. Nur die Stimme in mir bleibt noch Ewigkeiten wach.

Die Jahre vorher war'n ein gutes Leben.

Ja. Und ich finde einen Weg dahin zurück.

Frage ist nur, wie.

In den Jahren vorher hab ich mich aus jeder Falle rausgeholt.

Mit etwas Glück und Rückenwind gelingt das heute auch.

Wenn ich hier raus bin, kauf ich Hummer, Blue Marlin. Austern, Muscheln. Von den Fischern an der Küste.

Wie heißen die Orte da noch gleich?

Mombasa. Malindi. Tanga. Daressalam.

Genau.

April sagt, bei Ebbe ist der Strand hart genug für Start und Landung.

Ich werde Hummer nach Nairobi bringen. Lebend. In Salzwasserbehältern, ganz neu angefertigt und dem Cockpit angepasst.

Über dem Atlantik war's ja auch nicht anders, in dem voll gepackten Vogel, mit den Gummitanks.

April sagt, so was hat's in Ostafrika noch nicht gegeben. Man wird mir die Krustentiere aus den Händen reißen. In Nairobi sind die Hotels voll gepackt mit Leuten, sagt sie, die um den Kilimandscharo rum auf Safari gehn. Touristen aus Europa und den USA. So ein Volk zählt nicht die Dollars in der Tasche. Wie heißen gleich noch die Hotels?

New Stanley, Hilton, Intercontinental, Norfolk, Panafric.

Genau. Und zu denen bring ich Thunfisch hin, Blue Marlins, und was noch?

Austern, Muscheln, und das Ganze täglich frisch. Nicht

tiefgefroren. Nein! In Eiswürfel gepackt. Auf einer Stellage von Tabletts. In dem, was jetzt noch Rückbank und Kofferraum meiner Maschine ist.

Ein Vermögen ist mit Meerestieren sicher nicht zu machen.

Bedenk nur mal – ich brauche ja nicht viel. Ein Haus aus Holz am Strand. Irgendwo bei Mombasa.

Bist du sicher, April kommt da hin?

Unter der Woche ganz bestimmt.

Samstag / Sonntag aber sind die Töchter da.

Wenn alles gut geht, werden mich die beiden mögen.

Erst mal aber müssen wir aus diesem Hühnerstall hier raus.

Hin zu einem neuen Leben.

Zu der Frau an meinem Fenster.

Zu der heiseren Stimme …

… aus einem mädchenhaften Mund.

Jedoch …

… wie aus dem Käfig hier heraus?

Weiß nicht. Bei Dunkelheit fällt mir nichts ein.

Also … warten auf den neuen Tag?

Ja. Wenn er da ist, flieg ich los.

Schlaf holt mich ein. Es ist ein Schlaf, der mich verschlingt. Der wie Ohnmacht ist. Lange. So lange, bis eine Stimme die Dunkelheit zerreißt. »Pilot, wach auf!«

Der Himmel vor dem Fliegendraht mischt die Farbe Rot in das Dunkel seiner Nacht. Dahinter steht ein Mann. Mit einem Mädchen. Die Kleine winkt. »Pilot, nun komm doch schon!«

Ich greife Hemd, Hose, Schuhe und Pilotentasche. Mein Wächter schläft. Sitzt quer in der schräg verhängten Tür. Die Mündung seines Karabiners ist auf mich gerichtet.

Draußen, vor dem Ziegendraht, presst das Mädchen ihre Hände auf den Mund. Ihr Vater senkt den Kopf. Sein Fass auf Rädern hängt am Jeep.

In der Bordtasche steckt mein Campingmesser. Der Fliegendraht ist nicht sehr dick. Die Klinge dringt in den Draht hinein. Sägt sich nach unten. Macht kaum Geräusch. Weckt die Kerle in den anderen Käfigen nicht auf. Ich steige durch das Loch im Draht. Laufe über heißen Lehm. Schiebe mich neben den Mann im Jeep. Das Mädchen kriecht auf ihres Vaters Schoß. Ich sehe eine schwarze Hand die Bremse lösen. Höre Eisen, rostig, quietschen. Höre Ketten rasseln. Schließe meine Augen. Der Jeep rollt über einen Weg aus Lehm, leicht abschüssig, dem Fluss entgegen. Gestern, auf dem Weg von Piste Eins Sieben bis hierher, hab ich das Land für flach gehalten. Das bisschen Senkung, zum Nil hinunter, hab ich gestern nicht bemerkt. Erst als wir unten sind, am Deich, dreht der Tankwart den Schlüssel am Anlasser nach rechts. Die Zylinder werden schwerfällig bewegt. Erst beim dritten Versuch springt der Motor an.

Auf dem Weg zum Flugplatz ziehe ich mir Hemd und Hose über.

Die Fahrt scheint ewig lang.

Ich seh mich ständig um.

Ashrafs Vater sagt, dass uns keiner folgt.

Mein Flugzeug ist noch nass vom Tau der Nacht. Die Kleine macht die Leinen los. Ich klettere auf die Fläche links, mach den Verschluss zum Betanken klar. Der Vater hält mir den Schlauch nach oben. Dann geht er zum Fass. Fängt zu pumpen an.

»O Gott«, sage ich.

»Was ist?«, fragt er. Seine Augen sind Schneebälle in der Schwärze des Gesichts. Die Bälle sind aus gelbem Schnee.

»Haben Sie keine Motorpumpe?«

»Nein«, sagt er. »Keine Sorge, es wird nicht lange dauern.« Er pumpt mit aller Kraft. Rechts, links, rechts. Mit jeder Bewegung schießt ein Strahl Benzin in meinen Tank.

Der Himmel nimmt eine rosa Farbe an. In den Sümpfen wachen die Moskitos auf. Die ersten kommen angeschwirrt. Vom Hotel hinter dem Nil ist nichts zu hören.

Das Pumpen vor dem Tank erlahmt. Der Benzinmann stöhnt. Ich springe von der Fläche. »Klettern Sie rauf.«

Er nickt.

Seine Tochter legt ihre kleinen schwarzen Finger auf meine Hand. Gemeinsam werfen wir den Pumpenarm herum. Links, rechts, links, rechts. Der Vater lässt seine Beine von der Fläche baumeln. Er hält den Benzinschlauch in den Tank.

»Meine Tochter mag Sie gern«, sagt er.

»Gekochter Fisch«, sage ich.

»Nein«, lacht er. »Das ist es nicht.«

»Sondern?«

»Der Wind hat Sie nilaufwärts gepustet. Wie eine Hühnerfeder. Das hat Ashraf sehr gefallen.«

Die Kleine nickt und lacht.

»Ich könnte ihr noch mehr erzählen«, sage ich.

»Tun Sie es«, meint der Vater. »Die Soldaten schlafen noch.«

Die Dunkelheit macht sich davon. Das Pumpen ist mir ungewohnt. Ich spüre, wie mir der Arm erlahmt.

»Hör mal, Ashraf«, schnaufe ich, »es hat einmal einen Tag gegeben, da bin ich tief über das Mittelmeer hinweggeflogen. Vor Neapel ist das gewesen. Neapel ist ein Hafen in Italien.«

»Ich weiß«, sagt Ashraf, »in der Schule haben wir das durchgenommen.«

»Wenn du weißt, wo das ist, dann wirst du auch wissen, dass es da Delphine gibt.«

Ashraf nickt. Sie hat ein schönes Lächeln.

»Die Delphine sind aus dem Wasser gesprungen. Haben mich aus der Nähe angesehen. Mein Flugzeug ist nicht sehr schnell, weißt du? Und da haben die Delphine gedacht, sie könnten mit mir um die Wette schwimmen.«

»Was sind Delphine?«, fragt der Vater.

»Wie große Fische sehn die aus«, sage ich. »Zwei Meter lang. Delphine sind die besten Freunde, die wir Menschen haben.«

»Tatsächlich?«, sagt der Sudanese.

»Ja«, sage ich. »Sie können sehr schnell schwimmen. Nur fliegen, das können sie nicht.«

Ashraf lacht. Hell. Und schön.

»Und doch sind sie aus dem Wasser gekommen?« Der Benzinmann sieht erstaunt zu mir nach unten.

»Sie schnellen sich heraus«, sage ich. »Dann tauchen sie wieder unter und nehmen einen neuen Anlauf. Wenn ich Gas gebe in meiner Maschine und die Delphine sehn, dass sie den Wettlauf nicht gewinnen können, geben sie auf und schwimmen woandershin.«

»Ob die Delphine wohl traurig waren?«, denkt Ashraf leise vor sich hin. »Ich meine, als sie nicht so schnell mitgeschwommen sind?«

»Das weiß ich nicht, Ashraf«, sage ich, »es ist nicht bekannt, ob Delphine traurig sein können.«

Der Vater legt eine Hand an das Ohr, das dem Fluss zugewendet ist. »Die Soldaten kommen!«

Wir halten mit dem Pumpen inne. Von weit hinter den Sümpfen ist der Motor des Lastwagens auszumachen.

»Der Tank ist immer noch nicht voll«, ruft Ashrafs Vater zu mir her. Ich pumpe schneller.

»Machen Sie Schluss«, ruft er. »Die Soldaten dürfen mich nicht mit Ihnen hier erwischen.«

Er dreht den Tankverschluss zu. Wirft den Schlauch nach unten. Springt von der Fläche.

Ich klettere auf meinen Sitz.

»Bremsklötze weg?«, rufe ich aus dem Fenster.

»Sind weg!« Der Schwarze läuft zum Jeep. Ashraf steht still auf dem Beton. Der Bedford ist schon deutlicher zu hören. Seine Scheinwerfer tasten sich den Deich entlang. Ich gebe Mischung, verstell die Schraube und bring den Anlasser auf Start. Der Propeller dreht ein, zwei Mal. Dann springt der Motor an. Ich atme auf. Vorwärmung. In die Bremsen treten. RPM auf zehntausend, nur ganz kurz. Und schon rolle ich die Maschine auf die Piste zu. Eins Sieben. Wo ist Ashraf? Ich hab ihr nicht goodbye gesagt. An der Wellblechbude steht sie nicht. Der Jeep ist nicht mehr da. Neben meinem Sitz hab ich immer noch den Eimer. Das Wasser stinkt. Ist abgestanden. Beim Rollen öffne ich die Tür und schubse den Eimer raus. Der Lastwagen ist jetzt runter von dem Deich. Kommt vom andren Ende der Runway auf mich zu.

Ich gebe volle Kraft und bleibe mit beiden Füßen auf den Bremspedalen stehen. Das Flugzeug schüttelt sich. Ich lasse los. Die Maschine schnellt nach vorn. Wir nehmen Fahrt auf. Der Bedford macht den Suchscheinwerfer an.

Will mich blenden. Was sinnlos ist. Viel zu schwach, im ersten Licht des Morgens. Ich jage dem Militärauto entgegen. Lasse das Fahrwerk einen Meter über Grund. Kurz vor dem Zusammenprall reiße ich die Klappen raus und ziehe den Knüppel ran an meinen Bauch. Das Flugzeug macht einen Satz. Ächzt in den Flächen. Wie ein Fahrstuhl jagt es uns nach oben. Unisono. Die Soldaten reißen Münder auf. Haben Entsetzen in den Augen. Springen von der Ladefläche. Stürzen auf die Piste. In das Schilf daneben. Aus Gewehren kann ich Mündungsfeuer sehen. Vor Furcht zieh ich die Schultern bis zu meinen Ohren hoch. Im Lärm des Motors geht das Knattern der Gewehre unter. Und das Klatschen der Geschosse in den Rumpf bleibt aus. Lachend lasse ich die Luft aus meinen Lungen.

Rot und rund geht vorne links die Sonne auf. Ich trete in das Seitenruder und fliege in den roten Ball hinein. Mein neues Leben liegt auf der anderen Seite von der Sonne.

Ich warte ein paar Minuten. Dann korrigiere ich auf Kurs Eins Vier. Der rote Ball lässt uns noch lange seine Farbe. Alles ist wie Feuer: meine Hände, die Instrumente, das Plexiglas der Kanzel und der Propellerkreis davor.

Der rechte Tank ist von gestern her so gut wie voll. Dem linken fehlt 'ne ganze Menge. Bis Nairobi schaffe ich das ohne volle Tanks niemals. Macht nichts. Wichtig ist nur, dass ich im Sudan nicht noch einmal runtermuss. Wenn ich erst mal über Uganda bin, lande ich auf der Straße, die nach Kenia führt. Dem ersten Farmer, den ich seh, blockiere ich den Weg. Erzähl von meiner Not. Geh ihn um ein paar Gallonen an. Vier davon, vielleicht auch fünf, und ich bin König. Anzunehmen, dass die Leute hier Kanister als Reserve mit sich führen. Wenn nicht, mach ich einen Siphon mit 'nem Gartenschlauch, sauge, bis der Sprit aus meinen Lippen sprudelt. Die Oktanzahl ist sicherlich nicht hoch genug. Doch vermischt mit dem, was dann noch in den Tanks sein wird, muss es, wenn auch mit Husten oder Stottern, auf irgendeine Weise gehn.

Auf den Radiokompass hab ich Juba eingedreht. Die Nadel springt unbeständig hin und her: Vor mir türmt sich ein Gewitter auf. Obergrenze schätzungsweise zwanzigtausend Fuß. Zu hoch für mich. Und die Flasche mit dem Sauerstoff liegt hinten beim Gepäck. Da komm ich jetzt nicht dran.

Ich hänge mich unter schwarze Wolken.

Juba ruft: »Cessna Delta Echo Foxtrot Foxtrot India von Juba Control. Kommen!«

Ich schalte das Radio aus. Für Sudanesen bin ich heut nicht mehr zu sprechen.

Abfangjäger können an einem Tag wie diesem gegen mich nichts werden. Wenn einer kommt, versteck ich mich in dem Gewitter über mir. Falls ich mich nicht irre, wird im Sudan F-4 geflogen, Phantoms. Das sind Sorgenkinder in Gewittern. Zu viel Elektronik. So was zieht Blitze an. Cessnas machen da weniger Kummer. Gut, dass ich den Eimer rausgeschmissen hab. Er würde mächtig überschwappen. Die Turbulenz ist jetzt schon ziemlich stark.

Gestern sah das Leben ohne Hoffnung aus. Heute bin ich ungehindert in der Luft. Fünf Stunden noch. Dann werd ich in Nairobi sein. Nach der Landung such ich mir als erstes ein Hotel. Ich dusche mich. Das wird auch Zeit. Dann lass ich mich rasieren. In der Hotelbar kauf ich mir einen Drink. Nach dem ersten Schluck ruf ich April an.

Noch vier Stunden fünfzig bis Nairobi.

Ich seh nach unten. Mein Flugzeug hat keinen Schatten mehr. Die Götter Afrikas sind wütend. Sie werfen Blitze kreuz und quer durch die Wolkendecke über mir. Riesenhände heben mich nach oben. Dann schleudern sie mich der Erde zu. Die Flächen ächzen. Der Sturm hängt sich in den Propeller. Er jagt die Drehzahlen des Motors bis in den roten Bereich. Spielball der Götter. Ich muss an Ashraf denken. Wie heißen eigentlich Aprils Töchter? Ich habe nie danach gefragt. Bei Licht betrachtet, versteh ich mich ganz gut mit Kindern. Auch wenn ich selber keine habe. Man muss ja schließlich kein Hahn sein, um zu wissen, ob ein Küken gut ist oder nicht. Ehrlich.

Ich werde Aprils Töchtern die Sache mit den Delphinen erzählen. Die beiden wissen sicher, was Delphine sind. Ashraf hat es ja auch gewusst. Außerdem: Zwischen hier und Nairobi denk ich mir noch eine neue Story aus.

Der Himmel schüttet Wasser über mich.

Frage ist, was Ashraf jetzt wohl macht?

Sie ist auf dem Weg zur Schule.

»Bei Wolkenbruch wie diesem hier?«

Warum auch nicht?

Sieht aus, als ob's unter uns schon Farmland wär. Alles da wirkt grüner. Unter Eukalyptusbäumen leuchten dunkelrote Dächer zu mir rauf. Der Farbe dieser Dächer nach muss das hier Uganda sein.

Die nächste Wolke taucht mich ein in Finsternis. Um mich herum wird's Nacht. Mit der Taschenlampe leuchte ich die Flächen ab. Und atme auf: An den Profilen bildet sich kein Eis.

Ob die Farmer meinen Motor hören? Wenn ja, dann sagen sie: »Wer ist wohl der Verrückte, der bei diesem Wetter fliegt?«

Da vorne, in Nairobi, fängt jetzt das Wochenende an. Die Töchter sind sicher schon bei ihr zu Haus.
Mag sein, dass April Freunde eingeladen hat.
Weil sie meine Landung mit 'ner Party feiern will.
Auch wenn sie gar nicht weiß, ob du zum Wochenende kommst ...
Eben. Ein genaues Datum konnte ich bei diesem langen Flug, einmotorig, ihr ja gar nicht geben.
»Mädchen, Mädchen, hör mal zu«, sage ich laut zu ihr, auch wenn sie mich nicht hört. »Dieser Tag hier, der von heute, wird wohl zum wichtigsten Datum im Kalender meines Lebens.«

Die Zeit kriecht nur langsam über meine Borduhr hin. In der Pilotentasche hinter mir hab ich noch ein paar Pillen Speed. Ohne diese Dinger schlaf ich spätestens beim Dinner ein. Der Tag gestern, der war lang. Du kannst auch ereignisreich zu so was sagen. Ebenso wie zu diesem Tag in Dunkelheit.

Mann, ich freu mich jetzt schon auf die Stunde, wenn die Töchter knicksen: »Gute Nacht, Pilot.« Oder knicksen kleine Engländerinnen neuerdings nicht mehr?

Tcha.

Wie das wohl wird, wenn von den Autos der Partygäste nur noch Schlusslichter zu sehen sind?

Falls ich mir was wünschen darf, fährt mich April in ein Hotel. Die erste Nacht in unserer Zweisamkeit will ich nicht in ihrer Villa schlafen. Ob sie das versteht? Immerhin hat der Vater beider Töchter fünfzehn Jahre lang darin gewohnt.

Nein, Überraschungsliebe meines Lebens, sieh das mal ein: Ich fliege nicht durch Tag und Nacht und Nacht und Tag, über Alpen und das Mittelmeer und den ganzen Nil nach oben, um in dem Bett von einem abhanden gekommenen Ehemann zu sein. Meine Zukunft lass ich nicht beginnen in den Kissen einer Vergangenheit mit ihm.

April.
Heute Nacht bleibt sie bei mir. In dem Hotel, das ich zu dieser Stunde, im Gewitter hängend, noch nicht kenne. New Stanley heißt das teuerste am Ende dieser Finsternis vor mir. Da fährt sie mich hin. New Stanley wird's wohl werden! An einem Tag wie diesem zähl ich nicht die Pfunde in der Tasche.

April kann wieder mal die halbe Nacht auf dem Sims des Fensters sitzen. Vielleicht kauf ich schon bald das Haus am Strand. In meinem Leben wird's noch viele Fenster geben. April soll vor allen Fenstern sein. Sie soll lachen, singen, fragen, schweigen, denken. Und wenn sie mich am Schlafen hindern will, soll ihr das meinetwegen auch gelingen.

Orwill

Es war weit nach Mitternacht. Orwill wollte gehen, aber Al und Hank ließen das nicht zu.

»Five Card Stud«, sagte Al. »Jetzt geht's erst richtig los.«

Orwill schüttelte den Kopf. »Beim Pokern mit offenen Karten verlässt mich jeder Krümel Glück.«

Hank verteilte die Karten. »Du hast genug Glück gehabt für einen Abend.«

»Ja«, sagte Al. »Vor dir liegen vierhundert Dollar. Hanks greenbacks. Und meine.«

Als nur noch dreißig Dollar vor ihm lagen, stand Orwill endgültig auf. Hank und Al sagten nicht, er solle sitzen bleiben. Sie hatten sich ineinander verbissen. Al lachte. Er gab Hank zwei Königinnen offen. Orwill steckte die dreißig Dollar ein und ließ sich von Hanks Frau den Mantel geben.

»Es schneit ohne Unterlass«, sagte sie. »Ein Blizzard.«

Hank hatte sie erst vor ein paar Wochen geheiratet. Die Frau war hübsch; doch Orwill mochte sie nicht. ›Ich würde sie nicht mal nach New Jersey mitnehmen‹, dachte er, ›so übers Wochenende in ein Motel. Weil sie ein Teaser ist. Sie verspricht, was sie nicht halten will. Ein Feuer ohne Flammen. Nur Rauch.‹

»Orwill«, sagte die neue Frau von Hank.

»Ja«, sagte er, »Sie wollen wissen, wo der Name herkommt.«

Sie warf den Kopf zurück und lachte.

»Otto Richard Wilhelm Ludwig Lehmann«, sagte er.

»Das sind viele Namen«, sagte sie.

»Mein Großvater hieß Otto«, sagte er. »Die anderen Namen habe ich von den Brüdern meines Vaters mitbekommen. Und Lehmann ist der Familienname. Als ich für die *Frankfurter Allgemeine* zu schreiben begann, habe ich den Namen gekürzt. Die Anfangsbuchstaben, verstehen Sie? O-R-W-I-L-L.«

»Originell«, sagte die Frau von Hank.

Die Fahrt nach unten dauerte nur Sekunden. Liftboys gab es nicht um diese späte Stunde. In der Halle stand ein Weihnachtsbaum. Er sah bunt und vergessen aus.

An der Ecke von Madison und 64 East hob eisiger Wind Zeitungen auf und fegte sie, mit Schnee verwirbelt, nach Westen. Orwill folgte den Zeitungen, weil er den Wind im Rücken haben wollte. Der Wind in diesen Schluchten hoher Häuser macht aus Ohren Glas. Kristall. Gefühllos. Stoß nicht an, oder es bricht die Nase ab.

Orwill wunderte sich über die wenigen Autos in der 64. Straße. Taxis hörten sich leise an. Sie färbten den Schnee schwarz. Und der Schnee half ihnen, den Lärm totzumachen.

Auch auf der Fifth Avenue war kaum was los. Der Park gegenüber war dunkel. Nur im Zoo brannten zwei, drei Laternen. Die Tiere schwiegen. Orwill dachte an die Giraffen. Ob Giraffen frieren?

Der Türsteher unter dem Baldachin des *Old World Club* hatte den Mantelkragen hochgeschlagen.

»Morgen, Korporal«, sagte Orwill.

»Morgen, mein Junge.« Er stampfte seine Füße auf den roten Teppich. »Ich bin nie Korporal gewesen.«

»Ihr Kollege vor dem *Plaza Hotel* da drüben hat rote Aufschläge an seinem Mantel. Und goldene Schnüre um die Schultern«, sagte Orwill. »Im Vergleich zu Ihnen ist er General.«

»Dies ist ein vornehmer Club«, sagte der alte Mann. »Wir stapeln tief.«

Am Straßenrand standen schwarze Limousinen. Cadillacs, Lincolns und ein Rolls-Royce. Aus den Auspuffrohren stiegen kleine Wolken, weiß und verletzbar in die Kälte der Nacht. Bevor sie die Rückfenster der Wagen erreichten, gaben sie sich selber auf. Die Chauffeure, die in den Autos saßen, waren nicht zu erkennen. Beschlagene Scheiben verhinderten den Blick nach innen.

»Wer ist heute da?«, fragte Orwill.

Der Korporal deutete mit dem Kopf auf den Rolls. »Exxon«, sagte er. »Der Lincoln davor ist General Electric.«

»Und die anderen?«

»Dupont, ITT, General Dynamics, Ford, Lockheed, was weiß ich.«

»Das Conglomerat«, sagte Orwill.

»Ja«, sagte der Korporal. »Die Herren der Welt.«

»Ist was Besonderes los?«

»Das Übliche«, sagte der Korporal, »sie spielen Schach im Ahornzimmer, stehen vor dem Kamin und versuchen sich gegenseitig auf die Schliche zu kommen.«

»Das würde ich auch gern«, sagte Orwill.

»Was?«

»Auf ihre Schliche kommen.«

Der Korporal lachte. »Das haben viele schon gewollt.« Er sah den jungen Mann verkniffen an. Aus Orwills Augen liefen Tränen. Er wischte sie mit dem Handrücken fort.

»Der kalte Wind«, meinte Orwill. »Korrespondenten sahen früher anders aus«, sagte der Korporal.

»Tatsächlich?«, sagte Orwill.

»Älter«, sagte der Korporal, »trauriger.«

Orwill gab ihm eine Zigarette.

»Deutsche Korrespondenten«, sagte der Türsteher, »Emigranten. Meistens Juden. Sie hatten sich bis New York durchgeschlagen. Anfangs gab es noch deutsche Zeitungen, für die sie berichten konnten. Doch das hörte sehr bald auf.« Er zog an seiner Zigarette. »Einer von ihnen hat mir mal erzählt, er müsse sich schweizer Redaktionen suchen. Das war 1934.«

Wind trieb Schnee in die Gesichter der beiden Männer.

»Wie viele Zeitungen kann es wohl gegeben haben in der Schweiz?«, fragte der Korporal.

»Wenige«, sagte Orwill.

»Hab ich mir gedacht.«

»Einige in deutscher Sprache«, sagte Orwill, »die anderen auf Italienisch oder Französisch.«

»Tatsächlich?«

»Ja«, sagte Orwill. »Wie geht es Giselle?«

»Gut, wie immer, glaube ich«, sagte der Türsteher. »Sie wartet auf Sie. Hinter ihren Mänteln. Warum gehen Sie nicht nach Hause und wärmen das Bett an? Sobald Giselle fertig ist, setze ich sie in ein Taxi.«

Orwill sah zum Central Park hinüber. »Glauben Sie, dass Giraffen frieren?«

Der alte Mann kniff die Augen zusammen.

»Da drüben im Zoo«, sagte der Jüngere.

»Wie kann ich das wissen?«, sagte der Korporal. Er rauchte und musste husten. »Als der Krieg zu Ende war, fingen die Emigranten wieder an zu schreiben.«

»Ja«, sagte Orwill. »Einige habe ich noch gekannt.«

»Sind sie tot?«, fragte der Korporal.

»Nicht alle«, sagte Orwill. »Nur alt geworden. Sie arbeiten nicht mehr.«

»Geizig sind sie gewesen«, sagte der Korporal. »Wie oft haben sie hier neben mir gestanden und nach dem Conglomerat gefragt.«

Orwill lachte.

»Von ihren Dollars haben sie sich nicht trennen wollen«, sagte der Korporal.

»Wahrscheinlich waren sie selber knapp«, sagte Orwill.

»Sie sind der Nachfolger«, sagte der Korporal. »Ein anderer Schlag von Korrespondent. Sie werden es weit bringen.«

»Kaum«, sagte Orwill, »heute Abend waren es nur dreißig Dollar. Hier ist die Hälfte.«

Der Türsteher nahm den Zehner und den Fünfer. Er öffnete die Tür zum Club. »Über das Conglomerat kann ich trotzdem kaum was sagen.«

»Das hab ich mir gedacht«, sagte Orwill.

Die Wände der Halle waren getäfelt. Giselle nahm Orwill den Mantel ab. »Es ist noch früh.«

»Wie früh?«

»Kurz nach eins«, sagte sie. »Wann kaufst du dir endlich eine Uhr?«

»Nie«, sagte Orwill. »Die Uhr, die du in ein paar Tagen unter dem Christbaum finden wirst, muss für uns beide reichen.«

»Was hast du gegen Uhren?«

»Die Zeit«, sagte Orwill. »Sie schneidet meine Gedanken ab. Weil sie ständig mahnt. Meine Gedanken wollen sich zu Ende denken. Die Zeit schenkt mir Zeit zum Denken. Die Uhr nicht.«

»*Je t'adore*«, sagte Giselle. »Komm hinter meine Mäntel.«

»Nein«, sagte er, »seit Monaten sitz ich hinter den Mänteln von ITT, Exxon und General Dynamic.«

Giselle lachte. »Du hast Glück, dass ich nicht Barfrau bin.«

Vom Ahornzimmer her kam ein Butler in die Halle. »Hey, Orwill«, sagte er. »Wie geht's denn so?«

Die Frage war nur eine Floskel. Er wollte keine Antwort. »Das Ahornzimmer braucht Zigarren«, sagte er zu Giselle. Sie gab ihm den Bauchladen.

»Geh du rein«, sagte der Butler, »du hast hübschere Beine.«

»Wenn Sie wollen, verkaufe ich den Herren die Zigarren«, sagte Orwill.

»Das fehlte noch«, sagte der Butler. Er hinkte ein wenig und schloss die Tür sehr leise.

»Ich habe das Buch für dich gelesen«, sagte Giselle. »*L'homme changé par l'homme.*«

»Gut«, sagte Orwill. »Wie würdest du den Titel übersetzen?«

»Der Mensch verändert durch den Menschen.«

»Ist, wird, oder wurde?«

»Der Mensch?«, fragte Giselle.

»Ist er bereits verändert, oder wird der Mensch den Menschen jetzt verändern?«

»Eine gewisse Veränderung hat bereits stattgefunden.« Giselle holte das Buch unter dem Garderobentisch hervor. »Der Autor ist Arzt, Wissenschaftler, Mitglied der Académie des Sciences und der Académie française. Das kommt selten vor. Jean Bernard. Er scheint ein guter Katholik zu sein.« Giselle blätterte in dem dünnen blauen Band. »Er schreibt, Menschen können jetzt schon Menschen schaffen, künstlich, im Labor.«

»Schnee von gestern«, sagte Orwill. »Das erste Baby aus der Retorte ist schon zwei Jahre alt, in England. Ich hab es neulich laufen sehen. In den Nachrichten auf Kanal 2.«

»Jean Bernard schreibt, wir werden schon sehr bald die Begriffe Liebe und Fortpflanzung voneinander trennen müssen«, sagte Giselle.

»Schade«, sagte Orwill.

»Warum?«

»Ich kenne ein paar Väter. Sie sagen, die einzige Freude, die sie jemals an den lieben Kleinen hatten, war das Schwängern der Mütter.«

Giselle fuhr sich mit beiden Händen durch ihr Haar. Schwarz und kurz geschnitten. Manchmal sah Giselle wie ein kleiner Junge aus.

»Du bist eigentlich recht schrecklich«, sagte sie. »Ich möchte wissen, was mir an dir gefällt.«

»Der weitgehende Mangel an Lüge«, sagte er.

»Tatsächlich?«

»Ja«, sagte Orwill, »mein Problem ist, dass ich nur sehr schwer lügen kann.«

»Auch wenn du schreibst?«

»Ja«, sagte er. »Die letzten drei Artikel sind nicht gedruckt worden.«

»Was machst du, wenn deine Redaktion dich feuert?«, fragte Giselle.

»Weiß nicht«, sagte Orwill. »Vielleicht lege ich mich auf eine Wiese und rieche an den Blumen. Wie Ferdinand.«

»Wer ist Ferdinand?«

»Ein Stier. In Spanien. Er hatte keine Lust, gegen einen Torero anzutreten. Der Torero hatte einen Degen und viele Helfer.«

Giselle lachte. Sie legte ihren Kopf auf den Garderobentisch. Die Spitzen ihrer schwarzen Haare reichten bis zu ihren Lippen. Ihr Hals war lang und dünn.

»Jean Bernard schreibt, es wird nicht mehr lange dauern und Menschen können einen neuen Mozart schaffen«, sagte Giselle.

»Weiter«, sagte Orwill, »jetzt bist du bei dem Thema, das ich hören will.«

»Orwill«, sagte sie, »du nutzt mich aus.«

»Ja«, sagte er. »Wenn ich Französisch sprechen würde, hätte ich das Buch schon längst allein gelesen.«

Giselle zündete sich ein Zigarillo an.

›Wenn es etwas gibt, was mich an ihr stört, dann sind das diese Zigarillos‹, dachte Orwill. ›Nicht nur ihre Lippen schmecken nach dem Rauch. Ihr Haar riecht danach. Und ihr Körper.‹ Orwill fand einen Ledersessel, den es in dieser Halle sicher schon seit hundert Jahren gab.

»In dem Buch wird nachgewiesen, dass es Wissenschaftlern schon in naher Zukunft möglich sein wird, Weltmeister im Weitsprung zu schaffen.« Sie zog den Rauch des Zigarillos tief in ihre Lungen. »Oder einen neuen Hitler.«

Orwill nickte. »Ich brauche eine Übersetzung der entscheidenden Kapitel dieses Buches.« Er stand auf und ging zum Weihnachtsbaum hinüber. »Wenn du willst, dann übersetze ich dir auch Martin Luthers Bibeltexte als Zeichen meiner Dankbarkeit.«

Giselle lachte. »*C'est très gentil.*«

»Erzähl weiter«, sagte Orwill.

Giselle suchte eine bestimmte Stelle in dem Buch. »Es wird die Frage gestellt, ob wir die Suche nach der Weisheit aufgeben sollen.«

»Nein«, sagte er. »Auf keinen Fall.«

Sie schlug eine andere Seite auf. »Wenn wir die Erkenntnisse dieses Jahrhunderts und des nächsten zu einem Ende bringen – wonach richten wir die freigewordenen Kräfte aus?« Sie sah ihn aufmerksam an.

»Schwierige Frage«, sagte er.

»Wenn die Mediziner nicht aufgeben wollen zu forschen, müssen wir sie dann töten?«

»Auf keinen Fall die Forscher«, sagte er, »allenfalls die Kreaturen aus der Retorte.«

»Der Gedanke ist faschistisch«, sagte Giselle.

»Nein«, sagte Orwill, »der Gedanke ist ein paar hundert Jahre älter als der Faschismus.«

»Das musst du mir erklären«, sagte Giselle.

»Wissenschaftler haben das Recht, ihre Kreaturen zu zerstören.«

»Nein«, sagte sie.

»Das war schon immer so«, sagte er. »Denk an den Golem. Oder an Frankensteins Monster.«

»Das ist Mystik«, sagte sie, »Legende.«

»Mystik und Zukunft sind Verwandte«, sagte Orwill.

»Der Golem war eine Figur aus Lehm«, sagte Giselle.

Orwill nickte. »Ein Rabbiner aus Prag hat ihm Leben eingehaucht. Als er den Menschen zur Bedrohung wurde, musste der Rabbi den Golem vernichten. Das gleiche gilt für Frankensteins Monster.«

Giselle sah ihn nachdenklich an.

»Im Grunde ist die Atombombe eine Art von Golem«, sagte Orwill. »Sie ist über uns hinausgewachsen. Trotzdem haben wir ihre Erfinder nicht getötet.«

»Nein«, sagte Giselle, »aber den neuen Golem auch nicht.«

»Leider«, sagte Orwill, »wir haben ihn vervielfacht.«

Der hinkende Butler öffnete die Tür des Ahornzimmers. Drei ältere Herren ließen sich in ihre Mäntel helfen. Keiner beachtete Giselle. Einer von ihnen sah Orwill beim Christbaum stehen. »Sicherheitsbeamter?«, fragte er.

Orwill schüttelte den Kopf. »Journalist.«

»Was Sie nicht sagen«, murmelte der Mann und folgte den anderen durch die Tür nach draußen in die Kälte.

»Keiner der Männer hat dich angesehen«, sagte Orwill.

Giselle zog die Schultern hoch. »Hat dich noch keiner abgeschleppt?«, fragte er. »Versucht«, sagte sie.

»Und?«

Giselle lachte. »Ich bin schon länger informiert über den direkten Zusammenhang zwischen Liebe und Fortpflanzung.« Sie drückte ihr Zigarillo aus. »Außerdem glaube ich, dass diese Art von Mann gar keine Kinder machen kann. Die Befruchtung der Gattin findet per Kanüle statt.«

Orwill lehnte sich an die Wand. »Ich werde ein Buch schreiben«, sagte er. »Du hast mir eine Idee gegeben. Du und Jean Bernard.«

»Erzähle«, sagte Giselle.

»Die Geschichte beginnt 1945«, sagte Orwill, »kurz vor dem Tod des Präsidenten Roosevelt. Das Conglomerat sitzt da drüben im Ahornzimmer vor dem Kamin. Niemand spielt Schach. Keiner lacht. Die Herren haben Sorgen.«

»Es müssen die Vorgänger der Männer da drin gewesen sein«, sagte Giselle. »1945 ist zu lange her.«

Orwill winkte ab. »Sie haben die Zeit vor sich hergeschoben. Sie haben die Welt vor sich hergeschoben. Möglich, dass der eine oder andere verstorben ist. Oder er wurde entlassen, ersetzt durch einen Mann mit Ellenbogen, und befindet sich seither gut bezahlt im Ruhestand.«

»Möglich«, sagte Giselle. »Weiter.«

»Die Herren der Welt wälzen ein Problem.«

»Welches?«

»Roosevelt ist schwer krank. Sein Nachfolger wird Truman heißen.«

»Und?«

»Das Conglomerat hält nicht viel von ihm. Er gilt als schwach.«

»Ich glaube nicht, dass Truman schwach gewesen ist«, sagte Giselle.

»Keineswegs«, sagte Orwill. »Doch darum geht es nicht.«

»Sondern?«

»Das Conglomerat macht sich Sorgen um die internationalen Absatzmärkte unter einem oder mehreren schwachen Präsidenten. Churchill heißt der Mann ihres Herzens. Churchill würde sofort bei Kriegsende kehrtmachen und die Sowjets angreifen. Ein für alle Mal Schluss mit den Bolschewiken! Das wär's gewesen! Doch leider lässt sich ein Ausländer wie Churchill nicht zum Präsidenten der Vereinigten Staaten machen. Laut Verfassung geht das nicht. Außerdem ist Churchill schon zu alt.

Die Herren machen Pläne und verwerfen sie wieder. Dann hat einer von ihnen die Idee des Jahrhunderts. Er bittet seine Freunde um Aufmerksamkeit.

›Der Krieg ist schon jetzt gewonnen und wird in wenigen Wochen beendet sein‹, sagt er. ›Es steht jedoch zu befürchten, dass unsere Landsleute sich in dem Sieg sonnen werden, den ihre Söhne und unsere Rüstungsindustrie erkämpft haben. Schon andere große Kulturen sind an Selbstgefälligkeit zugrunde gegangen. Überheblichkeit und Bequemlichkeit nach einem gewonnenen Krieg sind gefährliche Ratgeber. Das Gebot der Stunde heißt: Umstellen der eigenen Industrie, Ausbau der durch unsere Truppen eroberten Märkte, wirtschaftliches Wachstum und Vertrauen der Welt in die Qualität der in den USA hergestellten Waren und Waffen.

Es ist nicht anzunehmen, dass die nächsten Präsidenten der Vereinigten Staaten aus den zwingenden Bedürfnissen heraus gewählt werden, die durch Krisen entstehen. Zumindest nicht in allzu naher Zukunft. Unsere Landsleute werden in den nächsten Dekaden geneigt sein, die Politiker ins Weiße Haus zu wählen, die ihnen ein bequemes Leben und Wohlstand verheißen. Epochen der Schwäche unserer Nation waren meist von schwachen Präsidenten begleitet. Es besteht für mich kein Zweifel: Wir treiben Zeiten des Eigennutzes und der Verwirrung entgegen.«

»Das ist unmöglich«, sagte Giselle. »Keiner dieser Männer hätte vor über dreißig Jahren so viel voraussehen können.«

»Gib mir meinen Mantel«, sagte Orwill. »Ich werde meine Geschichte dem Schutzmann an der Ecke erzählen. Er ist nicht so verbildet wie du.«

»Bleib hier«, sagte Giselle. »Ich höre dir zu.«

»Also gut«, sagte Orwill. »Nach dieser langen Einleitung kommt der Mann vor dem Kamin endlich zu seinem Vorschlag: ›In absehbarer Zeit werden wir nicht eingreifen können, meine Freunde, für die achtziger Jahre unseres Jahrhunderts jedoch habe ich die Lösung zur Hand: Wir schaffen uns selbst den Präsidenten nach Maß, der die Geschicke dieser Nation und damit der Welt in seine Hände nimmt.‹

›Hört! Hört!‹, rufen einige und jemand fragt: ›Wie soll das geschehen?‹

›In einer unserer Tochtergesellschaften haben wir ein hoch entwickeltes Labor eingerichtet‹, sagt der Mann am Kamin, ›dort arbeitet seit Jahren ein Wissenschaftler an der Veränderung des Menschen. Anfangs habe ich ihn nicht ernst genommen, obgleich er auf vielen Gebieten promoviert hat. Medizin, Chemie, Physik. Sein Vater war ein enger Freund von mir. Er lebte in Deutschland. Die Familie wurde von den Nazis verfolgt. Nachdem sie geflohen waren, habe ich ihnen eine neue Heimat gegeben. In Forth Worth, Texas. Mein Freund und dessen Frau starben bald nach ihrer Ankunft. Alte Bäume lassen sich nur schwer verpflanzen. Der Sohn erwies sich als Genie. Ein Eigenbrötler. Er schafft menschliches Leben auf Bestellung. Er befruchtete, im Labor, weibliche Eizellen mit männlichem Sperma und schuf den Menschen in der Retorte. Dann wies er nach, dass die Menschheit selbst dann weiterleben könne, wenn sich alle Männer bereits auf den Schlachtfeldern dieser Kriege umgebracht haben würden: Er stellte männlichen Samen chemisch her und injizierte ihn in die Eizellen lebender Frauen. Neun Monate später brachten natürliche Frauen natürliche Babys auf die Welt. Und seit kurzem, meine Freunde, hat er Versuche abgeschlossen, die die Welt verändern werden: er kann im Labor Menschen erschaffen, wie Er sie haben will oder sich erträumt. Oder aber – wie wir sie uns bei ihm bestellen.‹

›Undenkbar‹, ruft einer der Anwesenden. Die anderen schweigen verwirrt. Aus einem Ledersessel am Fenster kommt der Einwand, dass niemand ein Recht hätte, sich

Gottes Werk anzumaßen. Ein jüngerer Mann will wissen, wie weit die Skala jenes Menschen reichen würde, den der Wissenschaftler von Fort Worth erschaffen kann.

›Johann Sebastian Bach, Jack the Ripper, Gandhi‹, sagt der Mann am Kamin. ›Oder aber den Präsidenten der Vereinigten Staaten von Amerika für die letzten Dekaden dieses Jahrhunderts.«

»C'est absurde«, sagte Giselle. »Hirngespinste.«

»Wirklich?«, fragte Orwill. »Vor wenigen Minuten hast du mir erzählt, Professor Jean Bernard aus Paris sei der Meinung, wir könnten uns schon bald einen neuen Mozart schaffen. Oder einen Hitler.«

»Das ist Monsieur Bernards Theorie«, sagte Giselle, »sie ist noch keinesfalls untermauert. Wie auch immer – die Wissenschaftler von 1945 können noch nicht so weit fortgeschritten gewesen sein.«

»Jules Verne hat seine Reise zum Mond beschrieben, dreißig Jahre bevor Lilienthal den ersten Gleiter baute«, sagte Orwill.

»Das war Science-Fiction«, sagte Giselle.

»Versuche zu vergessen, dass du eine der wenigen intellektuellen Garderobenfrauen New Yorks bist«, sagte Orwill. »Nur für diesen Abend.«

Giselle lachte. »Nur für diesen Abend. Wie geht deine Geschichte weiter?«

»Das Conglomerat bestellt sich in Fort Worth den Mann nach Maß. Er ist ungewöhnlich intelligent, gut aussehend, kennt keine Furcht und ist ein guter Sportler.«

»Und wenn er ein Bild seiner Eltern sehen will, erhält er aus Texas ein paar Farbfotos von Reagenzgläsern über Bunsenbrennern«, sagte Giselle.

Orwill sah sie bekümmert an. »Deine ungeborenen Kinder tun mir leid.«

»Warum?«

»Wenn sie sagen, ›Mammi, erzähl uns eine Geschichte‹, schiebst du eine Kassette in den Recorder.«

»Nein«, sagte sie, »ich rufe dich, *mon copain.*« Sie sah auf ihre Armbanduhr. »Es bleibt uns noch Zeit. Erzähle weiter. Wie erklärt sich der Retortenmann das Nichtvorhandensein von Eltern?«

»Die Herren der Welt stempeln ihn zum Waisenknaben«, sagte Orwill. »Sie schicken ihn auf ein Internat. Das beste in den Staaten. Sie erzählen ihm, dass sie Freunde seiner tödlich verunglückten Eltern seien. Der Junge darf die Herren besuchen, in den Ferien, reihum. Er nennt sie Onkel. Ein paar Jahre später kommt der Junge auf ein College. Er ist ein brillanter Schüler.«

»Und Kapitän der Fußballmannschaft«, lachte Giselle, »die Mädchen sind verrückt nach ihm.« »Auch das.«

»Nimmt er die Mädchen auf sein Zimmer?«

»Selbstverständlich.«

»Du meinst, er hat einen richtigen Lümmel, wie andere Männer?«

Orwill nickte. »Aber ja. Er ist ein vollwertiger Mann, nicht Golem oder das Monster von Frankenstein.«

»Was geschieht, wenn er einer Mitschülerin ein Kind macht?«

Orwill warf die Hände in die Luft. »Das würde die Pläne der Onkels durchkreuzen.«

»Was ist mit dem Bauchnabel?«, fragte Giselle.

»Wie meinst du das?«

»Der junge Herr der Welt ist nicht abgenabelt worden. Er

stammt aus der Retorte. Wem nie die Nabelschnur durchschnitten wurde, kann auch keinen Bauchnabel haben.«

Orwill kratzte sich den Kopf.

»Kannst du dir einen Bauch ohne Nabel vorstellen?«, fragte Giselle. »Die Mädchen werden sich wundern. Und die Fußballspieler unter der Dusche auch.«

»Das ist wahr«, sagte Orwill. »Dazu lass ich mir was einfallen.«

»Der junge Herr braucht einen Namen«, sagte Giselle.

»William Akenside«, sagte Orwill. »Freunde in Harvard nennen ihn Bill.«

»Was studiert er in Harvard?«

»Jura, Politische Wissenschaften, Literatur. Dann kommt der Krieg.«

»Welcher?«

»Vietnam. Das Conglomerat entlässt ihn in die Armee. Er wird schnell Offizier. Dann kommt er an die Front. Bills Onkel sorgen dafür, dass er gut beschützt ist. Mit Rückendeckung zeichnet er sich vor dem Feinde aus. Einmal wird er leicht verwundet. Dann ist der Krieg zu Ende. William Akenside, der Veteran, kehrt zu seinen Studien zurück. Er ist ungebrochen: kein Hasch, kein LSD, sehr selten Alkohol. Er verlässt Harvard mit den besten Noten, wird Anwalt und geht bald in die Politik. Das Conglomerat öffnet ihm alle Türen. Sie sorgen dafür, dass er Debütantinnen trifft, die sich zur Ehe eignen: jung, schön, reich, vierte Generation Amerikaner, gute Abschlusszeugnisse aus Vassaar oder einer anderen berühmten Schule für junge Damen. William Akenside heiratet eine von ihnen. Zwei Jahre später wird er zum ersten Male Vater. Das Jahr darauf wählt ihn die Bevölkerung von Pennsylvania zum Senator. Er kommt in

Washington sehr gut zurecht. Der Kongress rühmt die Zusammenarbeit mit ihm. Akenside übernimmt den Vorsitz des Hauskomitees für auswärtige Angelegenheiten. Die Wahlen 1980 lässt das Conglomerat vorübergehen. Billy ist erst 35 Jahre. Noch nicht reif genug für den Präsidenten der Vereinigten Staaten. Die Herren der Welt nutzen die nächsten vier Jahre. Sie finanzieren Senator Akensides Informationsreisen zu den Regierungschefs wichtiger Länder. Mrs. Akenside ist stets dabei. Sie weiß zu repräsentieren. Sie gewinnt die Herzen der Ausländer im Sturm. In den Staaten ist es ebenso: Senator Akenside spricht in Montana, Neu England, Texas oder Kalifornien, und Mrs. Akenside sammelt auf Galabällen Geld für gute Zwecke. Ein halbes Jahr vor den Präsidentschaftswahlen 84 bringt sie ihr drittes Kind zur Welt. Das Conglomerat sorgt dafür, dass fast alle Zweige der Industrie stillschweigend hinter dem Senator aus Pennsylvania stehen, und der Senator selbst sorgt dafür, dass die Minoritäten jubeln. Er verspricht den Schwarzen Wohnungen und den Alten bessere Fürsorge während Krankheit und Inflation. Als erster Präsidentschaftskandidat in der Geschichte der Vereinigten Staaten schlägt er für das Amt des Vizepräsidenten eine Frau vor: Betty Brentwood. Auch sie ist sorgfältig von ihm und seinen Onkel ausgewählt: nicht mehr ganz jung und zur Fülle neigend. Einem Vergleich mit des Senators Frau hält sie nicht stand. Kein guter Christ käme bei ihrem Anblick je auf sündige Gedanken. Als Ausgleich dafür hat sie eine spitze Zunge und ihr Humor bringt Amerikaner vor den Fernsehschirmen stets zum Lachen. Das ist der eigentliche Grund für die Entscheidung des Conglomerats, Betty neben Bill zu stellen: Den Herren war ein Fehler unterlaufen. Bei der Wunschliste aller Vorzüge, die der Forscher dem künstlichen Menschen mitzugeben hatte, war der Humor vergessen worden.

Während seiner Ferien auf Martha's Vinyard lädt Senator Akenside den Botschafter Saudi-Arabiens in sein Wochenendhaus am Strand. Rein zufällig, so heißt es, habe der Botschafter Israels das Häuschen nebenan gemietet. Die drei Herren treffen ganz unorthodox aufeinander. Am nächsten Tag sagt Akenside zur *Washington Post*, dass mit Gottes Hilfe und dem guten Willen seiner beiden Gesprächspartner ein friedvolles Zusammenleben zwischen allen Arabern und den Israelis zu erreichen sei.

Kurz vor der Wahl stellt er sich dem Gegenkandidaten zur Fernsehdebatte. Die meisten Zeitungen sind der Meinung, dass Akenside das Duell gewonnen habe. Er sei ein eiskalter Denker, guter Stratege und scheine sich auf allen Gebieten, die Präsidentschaft betreffend, auszukennen. Außerdem würde sein Charme die Wählerinnen beeindrucken. Die überwiegende Mehrheit des Volkes schließt sich der Pressemeinung an. Sie verhilft ihm zum Sieg. Der 41. Präsident der Vereinigten Staaten heißt William Akenside. Selbst Bürger, die ihm die Stimme verweigerten, nennen ihn schon sehr bald Billy.

Das Conglomerat stellt Kabinett und Beraterstab zusammen. Der Kongress erhebt keine Bedenken gegen die besten Köpfe dieses Landes. Jeder von ihnen ist ein Ass auf seinem Gebiet. Anfangs führen sie den Präsidenten am kurzen Zügel. Allmählich werden die Zügel länger. William Akenside lernt schnell. Die ersten zwei Jahre sind, von wenigen Ausnahmen abgesehen, erfolgreich für das Weiße Haus.

Wir schreiben das Jahr 1990. Der Panamakanal ist versandet. Die Panamesen hungern. Akenside schickt zunächst

Lebensmittel. Dann schickt er Truppen. Die Bevölkerung jubelt den GIs zu. Der Kanal wird schiffbar gemacht und ist wieder fest in amerikanischer Hand.

Im gleichen Jahr schafft Akenside, was seine Vorgänger sich erträumten, doch nie erreichen konnten: die große Föderation zwischen den USA, Kanada und Mexiko unter dem Vorsitz der Vereinigten Staaten. Ein politischer Riese ist geboren. Die Bodenschätze der neuen Union lassen alles, was die Sowjets ihr eigen nennen, unwesentlich erscheinen. Uran, Öl und Erdgas sind ausreichend vorhanden. Das technische Know-how der Kanadier und Amerikaner lässt Mexiko zu nie erwartetem Wohlstand kommen.

Den Wahlkampf 1992 gewinnt Akenside mit der Parole *Die neue Unabhängigkeit.*

Das Wettrüsten mit den Sowjets ist durch SALT IV zu einem vorübergehenden Stillstand gekommen.

Im Weltraum sind die Amerikaner überlegen.

In acht Regierungsjahren hat William Akenside viel erreicht. Die europäische Presse nennt ihn den *Kaiser von Amerika.*« Orwill holte tief Luft. Er sah Giselle fragend an.

»Wann hast du dir die Geschichte ausgedacht?«, fragte sie.

»Vorhin«, sagte er, »als du mir aus dem Buch übersetzt hast.« Er ging zu ihr und fand hinter den Mänteln eine leere Whisky-Kiste. Orwill setzte sich. Er zog das Mädchen auf seinen Schoß.

»Ich wüsste einen guten letzten Satz für dein Buch«, sagte Giselle.

»Wie geht er?«

»Und wenn er 1992 nicht gestorben ist, dann lebt er heute noch.«

Orwill lachte. Seine Hand strich über ihre Knie und fand

den Weg zwischen ihre Schenkel. »Dass du dir diese Netzstrümpfe nicht abgewöhnen kannst«, sagte er. »Deine Beine
fühlen sich an wie mit Stacheldraht umwickelt.«

»Du bist sicherlich der einzige Mann, der es je gewagt hat,
in diesen ehrwürdigen Hallen einer Frau unter den Rock zu
fassen«, sagte sie.

»Meine Geschichte ist noch nicht zu Ende«, sagte er.

»*O merde*«, sagte Giselle.

»Der Schauplatz verlagert sich nach Afrika«, sagte Orwill. »Afrika hat sich in Stammeskriegen verblutet. Nur die
Republik von Südafrika hält sich noch auf den Beinen. Auf
wackeligen Beinen. Ein abgemagerter, zerfledderter Bettler.
Der Präsident der Republik Südafrika bittet den Präsidenten der Vereinigten Staaten von Amerika, Mexiko und Kanada um hilfreiche Intervention. Akenside entsendet Truppen. Schwarze Truppen. Akenside schickt Geld, Techniker
und Maschinen. Er macht aus dem Bettler einen gesunden
Mann, der sich freiwillig in den Dienst seines hilfreichen
Herrn begibt. Die ehemalige Republik Südafrika wird amerikanisches Territorium. Akenside hebt die Rassenschran-
ken auf. Die schwarze Bevölkerung jubelt ihm zu. Seine
eigenen schwarzen Truppen holt er nicht in die Staaten
zurück. ›In einigen Jahrzehnten werden sich die wenigen
verbliebenen Weißen mit den Schwarzen vermischt haben‹,
so rechnet Akenside sich aus, ›wie in Brasilien heute – ein
amerikanisches Bollwerk mit einer mir ergebenen Misch-
rasse am Kap der Guten Hoffnung.‹ Präsident Akenside
studiert die Weltkarte. Wer das Kap hat, so stellt er fest, das
Horn von Afrika und Australien, macht den Sowjets das
Leben im Indischen Ozean sehr schwer. Er entsendet seine
10. Flotte zu Übungen vor der Küste von Somaliland.

Das Conglomerat schickt dem Präsidenten besorgte Telegramme. Er lädt sie zu sich nach Camp David. Seit Jahren ist es das erste Mal, dass er mit ihnen spricht. William Akenside hat seine Onkel vergessen.

›Lass es genug sein, Bill‹, sagt der Senior der Versammlung, ›ein Riese, der sich überfrisst, wird sich erbrechen.‹ Sie fragen ihn, ob er aus den Fehlern von Napoleon oder Alexander keine Lehren ziehen wolle.

›Das waren Egozentriker, Feldherren‹, sagt der Präsident. ›Ich habe nicht die Absicht, als Eroberer in die Geschichte einzugehen. Ich will den Menschen helfen. Seht euch das Elend der Afrikaner an! Es wird Zeit, dass wir etwas unternehmen.‹

›Dann lass uns Fabriken bauen in den Ländern, die es nötig haben‹, sagt der Senior.

›Das genügt nicht‹, sagt der Präsident.

›Selbst hungernde Völker wünschen den reichen Besserwisser schon nach ein paar Jahren aus dem Lande fort‹, sagt der Senior.

William Akenside winkt ab. Er hört den Herren nicht mehr zu.«

Orwill ließ das Mädchen von seinem Schoß gleiten. Er sah zur verschlossenen Tür des Ahornzimmers.

»Das Conglomerat fliegt zurück nach New York und versammelt sich im *Old World Club* zum Kriegsrat«, sagte er.

»Wie heute. Da drüben im Ahornzimmer. Soll ich die Szene für dich beschreiben?«

»Ja«, sagte Giselle.

»Ich erfinde den Dialog aus dem Stegreif. Wie die ganze Geschichte.«

»Entschuldige dich nicht«, sagte Giselle, »fang an.«

»Sie reden ungefähr so miteinander:

›Wir haben ihn verloren. Darüber besteht wohl kaum ein Zweifel.‹

›Nicht der geringste. Bill ist undankbar.‹

›Wofür sollte er uns dankbar sein?‹

›Immerhin haben wir ihn zu dem gemacht, was er heute ist!‹

›Wir haben ihn nicht gemacht – wir haben ihn machen lassen.‹ Alle lachen.

›Wir alle sind seine Väter.‹ Das Lachen wird röhrend.

›Erhebt sich die Frage, ob ich meiner Frau gestehen muss, dass ich einen unehelichen Sohn habe.‹ Die Männer schlagen sich auf die Schenkel. Einige wischen sich Tränen aus den Augen. Dann folgt Schweigen, Nachdenken.

›Wir sollten es Bill sagen.‹

›Was?‹

›Auf welche Weise er entstanden ist.‹

›Da sei Gott vor, Mr. Malamud!‹

›Wie er es wohl aufnehmen würde?‹

›Katastrophe!‹

›Longwood, geben Sie mir die Flasche Rye mal rüber.‹

›William Akenside würde uns umbringen lassen. Jeden einzelnen von uns.‹

›Ausgeschlossen.‹

›Huntersville stirbt an Krebs, ich verunglücke mit meinem Wagen, Longwood begeht Selbstmord – es wäre nicht das erste Mal in unserer Geschichte.‹

Die Herren starren nachdenklich in die Flammen des Kamins.

›Es bliebe ihm keine andere Wahl. Schließlich sind wir die Einzigen, die sein Geheimnis kennen.‹

›Was ist für ihn daran so schlimm?‹

›Akenside sichert sich seinen Platz in der Geschichte. Er wird nicht in die Geschichte eingehen wollen als der Präsident aus der Retorte.‹

Wieder Lachen. Doch nur vereinzelt und recht leise.

›Die Lüge über seine Eltern, denen er nie aufgehört hat, nachzutrauern – die Lüge über uns als die Freunde seiner Eltern! Bedenken Sie, meine Herren!‹

Kopfnicken. ›Das ist wahr.‹

›Seine Wut wäre wohl grenzenlos, wenn er es erführe.‹

Schweigen.

›Lassen Sie uns zu unseren Familien gehen. Wir werden das Problem heute Abend nicht mehr lösen.‹

›Sie haben recht.‹

›Wir werden während der nächsten Wochen darüber nachdenken, was zu tun ist.‹

Allgemeiner Aufbruch. Einer bleibt sitzen.

›Sie bleiben noch ein wenig, Fairmont?‹

›In der Flasche ist noch ein Bodensatz. Der Rye ist ausgezeichnet. Während ich ihn gemächlich trinke, will ich an den kleinen Billy denken. Die Antwort auf meine offenen Fragen befindet sich unter dem Bodensatz in dieser Flasche.‹

Lächeln. Schulterklopfen. In der Halle lassen sie sich von einer hübschen jungen Französin in die Mäntel helfen. Sie setzen ihre Hüte auf.

›Wann machen Sie denn Ihr Examen, mein hübsches Kind?‹

›Gleich nach Neujahr, Mr. Huntersville.‹

›Und was wird dann?‹

›Hoffentlich eine Stellung als Dolmetscherin, Monsieur.‹

›Sprechen Sie mich nächstes Mal darauf an, mein Kleines. Da wird sich schon was machen lassen.‹

Allgemeiner Abgang. Der Korporal da draußen auf dem roten Teppich saluiert, steckt Trinkgelder ein und schließt hinter den Mächtigen der Welt die Türen ihrer Limousinen. Wie gefällt dir die Szene?«

»*Tu es drôle*«, sagte Giselle. »Aus jeder Kleinigkeit backst du einen großen Kuchen.«

Orwill rieb sich die Augen. Sie waren rot. Ein langer Tag lag hinter ihm. Ein Tag wie jeder andere im Büro. Schreibmaschine, Telefon, Fernschreiber. Abends das Pokerspiel mit Hank und Al.

»Das letzte Kapitel handelt von Mord«, sagte er.

»An dem Conglomerat?«, fragte sie.

»Nein«, sagte Orwill, »das wäre zu einfach. Die Herren kommen wieder zusammen. Sie gestehen sich ein, wahrhaftig ein Monster geschaffen zu haben. Mr. Malamud macht den Vorschlag, das Monster zu vernichten. Einige protestieren lautstark. Sie sind nicht gewillt, sich eines Mordes schuldig zu machen. Auch nicht der Mittäterschaft. Die Herren beschließen, den Forscher einzuladen, jenen Wissenschaftler aus Fort Worth, der den Präsidenten geschaffen hat. Sie veranstalten ein Hearing. Der alte Mann ist immer noch der Hausarzt des Präsidenten. Er scheint das Vertrauen des *Kaisers von Amerika* zu genießen. Unter dem Druck der Versammlung gibt er zu, dass ihn der Größenwahn dieses Mannes schon seit Jahren nicht mehr schlafen lasse.

Einer aus der Runde sagt leise: ›Wir müssen ihn vernichten, bevor er uns vernichten kann.‹

›Man würde Ihnen zu Recht Mord vorwerfen‹, sagt der Wissenschaftler, ›bezahlten Mord aus niedrigen Motiven.‹

Er stellt sich mit dem Rücken an das Feuer, wärmt die alten Knochen. ›Im Gesetzbuch ist ein solcher Fall nicht vorgesehen‹, sagt er mit dünner Stimme, ›und an meiner Person werden sich die Geister scheiden, denn ich nehme folgenden Standpunkt ein: Der Einzige, der den Präsidenten seines Lebens berauben darf, ist der, der ihm dieses Leben ermöglicht hat – ich.‹

Die Herren sitzen wie erstarrt.

›Nur Gott kann Leben geben und Leben nehmen.‹ Niemand weiß, wer es gesagt hat.

›So sollte es sein‹, sagt der alte Mann. ›So ist es auch einmal gewesen. Doch das ist lange her. Inzwischen haben wir uns eingemischt. Wir pfuschen Ihm ins Handwerk.‹

›Wenn Sie einmal vor Gottes Richtertisch stehen‹, fragt Mr. Huntersville, ›was werden Sie tun?‹

›Auf seine Fragen antworten. Nach bestem Wissen und Gewissen‹, antwortet der Greis, ›so wahr Er mir selber helfe.‹ Ein Kichern schüttelte den dürren Körper.

›Haben Sie ein Plädoyer bereit?‹

›Nur einen Satz‹, sagt der Professor.

›Dürfen wir ihn hören?‹

›Auch dir, o Herr, ist nicht alles ganz perfekt gelungen.‹

›Blasphemie!‹, ruft Huntersville.

Fairmont nippt an einem Glas mit Rye. ›Das Wort hat Bedeutung für uns alle‹, sagt er. ›Wir haben ein Monster geschaffen. Jetzt müssen wir die Welt von ihm befreien.‹ Er wendet sich an den alten Mann vor dem Feuer. ›Können Sie das für uns tun?‹

Der alte Mann zögert.

›Wie Sie's auch drehn und wenden, Professor‹, sagt Huntersville, ›vor dem Gesetz ist und bleibt es Mord.‹

›Sehr richtig‹, sagt ein Herr, der weit hinten in einer dunklen Ecke steht. ›Der Präsident wird eine Witwe und drei Kinder hinterlassen. Das sollte nicht vergessen werden.‹

›Der Präsident ist im Begriff, die Welt zu erobern‹, sagt Mr. Malamud. ›Es wird ihm nicht gelingen. Stattdessen wird er die Welt vernichten.‹

Fairmont wiederholt seine Frage an den alten Mann. ›Können Sie es für uns tun?‹

›Ich will darüber nachdenken‹, sagt der Greis am Feuer.

›Das ist verständlich‹, sagt Fairmont. ›Schließlich haben Sie ja auch nicht sofort ja gesagt, damals, als wir Bill bei Ihnen in Auftrag gaben.‹«

Giselle stieß einen Schrei aus. Orwill zuckte zusammen. Dann sah er, dass sie lachte. Der Butler hinkte aus dem Ahornzimmer. »Was ist geschehen?«

»*Rien*«, sagte Giselle, »Orwill hat was Komisches gesagt. Ich musste lachen.«

»Dann ist es gut«, sagte der Butler, »ich dachte schon, du weinst.«

»Das tut sie auch«, sagte Orwill. »Es ist wegen dieser großen Zwiebel.«

»Zwiebel?«, fragte Giselle.

»Diese ganzen Mäntel hier. Sie hängen an Haken, rundherum im Kreis«, sagte Orwill. »Viele Schichten einer großen Zwiebel. Wer von den Herrn nach Hause gehen will, muss Giselle um seine Schicht der Zwiebel bitten. Ich sitze im Inneren der Zwiebel. Haut für Haut geht fort. ›Gute Nacht, Monsieur‹, und ein wenig später: ›Bis morgen, Mr. Malamud‹. Nacht für Nacht hält Giselle Zwiebelschalen für die Mächtigen bereit.«

Der Butler fasste sich an den Kopf und hinkte zurück ins Ahornzimmer.

»*Tu es complètement fou*«, sagte Giselle. »Glaubst du, dass ich es mit einem Verrückten wie dir sehr lange aushalten werde?«

»Nein«, sagte Orwill. »Das hat bisher noch keine Frau geschafft.«

Giselle setzte sich auf seinen Schoß.

»Ich hasse diese Netzstrümpfe«, sagte er.

»Stirbt der Präsident am Schluss?«, fragte sie.

Er nickte. »Es geht nicht anders.«

»Wie wird er umgebracht?«

Orwill kratzte sich den Kopf. »Eine schwere Hürde für den Autor«, sagte er. »Wäre William Akenside ein Roboter, ginge alles leicht. Du reißt die Kabel raus oder die Energiezellen, und schon ist Schluss. Mit Präsidenten verhält es sich anders. Sie werden meist erschossen. In Theatern oder in Autos.« Er dachte nach. »Mein künstlicher Präsident wird eines natürlichen Todes sterben«, sagt er dann. »Nach außen hin. Hinter den Kulissen wird etwas nachgeholfen, das ist klar. Der Forscher in Fort Worth hat sich Zeit gelassen, ihn zu schaffen. Nun lässt er sich auch Zeit beim Töten. Obgleich ihm selbst nicht mehr viel Leben zur Verfügung steht. Er ist schon um die Neunzig.

Der Präsident erhält regelmäßig Aufbauspritzen, Jungmacher, ein Serum, aus Affendrüsen hergestellt. Der Professor ändert die Zusammensetzung, jedoch nur allmählich. Er reicht William Akenside den Tod in kleinen Quanten. Die Welt muss zusehen, auf Fotos und am Bildschirm, wie der kraftstrotzende *Kaiser von Amerika* verfällt: Herbst. Ein Blatt, gestern noch grün, färbt sich, gelb, braun, wird schrumpelig, trocken, fällt zu Boden. William Akenside stirbt in den Armen seiner Frau. Die Kinder stehen um das Bett herum. Der Fotograf des Weißen Hauses ist auch dabei. Er macht ein Foto für die Ewigkeit. Die westliche Welt trauert mit Kanadiern, Amerikanern, Mexikanern. In Washington wird ein Denkmal errichtet, und in den Geschichtsbüchern der Schulkinder findet Akenside seinen Platz gleich neben Washington und Lincoln.« Orwill lachte. »Niemand kennt sein Geheimnis. Nur der Professor, das Conglomerat und ich.«

»Und deine Leser«, sagte Giselle.

»Wie spät ist es?«, fragte Orwill.

»Viertel nach zwei«, sagte Giselle.

»Morgen bleiben wir den ganzen Tag im Bett«, sagte er. »Oder wir machen Feuer im Kamin, strecken uns auf dem Teppich aus und lesen die Sonntagszeitung.«

»Du hast Betty vergessen«, sagte Giselle.

»Welche Betty?«

»Brentwood, die Vizepräsidentin. Nach der Ermordung des Präsidenten übernimmt Betty Brentwood das Weiße Haus. Die Verfassung der USA will es so, oder nicht?«

»Ja«, sagte Orwill. »Das ist richtig.«

»Zum ersten Mal in der Geschichte der Vereinigten Staaten leitet eine Frau die Geschichte der Vereinigten Staaten. *Extraordinaire!* Deine Leserinnen werden dir zu Füßen liegen. Schreib das Buch. Fang gleich Montag damit an«, sagte Giselle.

»Montag muss ich drei Artikel schreiben«, sagte er. »Die Frankfurter werden ungeduldig.«

»Wie soll das Buch heißen?«, fragte Giselle.

Orwill gähnte.

»*Der Kaiser von Amerika* ist kein schlechter Titel«, sagte sie.

»Gibt es schon«, sagte er.

»Präsident aus der Retorte«, schlug Giselle vor.

Orwill schüttelte den Kopf.

»Der Professor hätte sich in seinen Zutaten natürlich auch irren können«, sagte Giselle.

»Worauf willst du hinaus?«, fragte Orwill.

»Wenn alles fertig ist und der Forscher besieht sich die Zeugung aus der Retorte, stellt er fest, dass er einen Schwulen geschaffen hat«, sagte Giselle. »Oder einen Neger.«

»Ich hab beim Pokern 15 Dollar verdient«, sagte Orwill. »Eigentlich wollte ich dir im *Plaza* noch einen Drink kaufen, wenn du hier fertig bist. Das tue ich jetzt nicht mehr.«

»Wann schreibst du das Buch?«, fragte Giselle.

»Nie.«

»Nie?«

Er schüttelte den Kopf. »Du hast mir den Mut genommen.«

»Du solltest das Buch schreiben«, sagte sie.

»Nein«, sagte er. »Ich schreibe Artikel. Jeden Tag und jeden Tag. Wenn die Leute mich gelesen haben, knüllen sich mich zusammen und werfen mich in den Papierkorb. Mein Buch würde sicher auch im Papierkorb landen.«

»Bücher stellt man ins Regal«, sagte Giselle. »Ja«, sagte Orwill, »und Skulpturen auf einen Sockel.«

»Wo sollten Skulpturen sonst stehen?«, sagte Giselle.

»Ich hab mal einen Mann gekannt, der hat jeden Winter vor dem *Posthotel* von St. Moritz eine Statue aus Schnee gebaut. Groß. Gut drei Meter hoch. Mal war's ein Reiter auf einem Ross, einmal eine nackte Frau, das Jahr darauf drei

Kinder auf einem Rodelschlitten. Nachts hat er Wasser auf seine Werke gesprüht. Am nächsten Tag leuchteten sie wie Bergkristalle in der Sonne. Es sah herrlich aus. Touristen haben sich davor fotografieren lassen. Kinder haben daran herumgekratzt. Im Frühling, als der Schnee zu Wasser wurde, schmolzen auch die Skulpturen. Das hat dem Mann nichts ausgemacht.«

»Schreib das Buch«, sagte Giselle.

»Ich hab dir die Geschichte doch erzählt«, sagte Orwill, »wozu soll ich sie noch schreiben?«

»*Tu es drôle*«, sagte Giselle.

»Morgen bleiben wir den ganzen Tag im Bett«, sagte Orwill. »Vom Bett aus sehen wir den Schneeflocken zu, wenn sie am Fenster vorbeiwirbeln.«

»Ich glaube, du bist nur zu faul, das Buch zu schreiben«, sagte Giselle.

»Ja«, sagte Orwill. »Das auch.«

Hardy Krüger
Was das Leben sich erlaubt.
Mein Deutschland und ich
In Zusammenarbeit mit
Peter Käfferlein und Olaf Köhne
221 Seiten, gebunden
ISBN 978-3-455-00303-1
Hoffmann und Campe Verlag

Offen wie kaum ein anderer berichtet Hardy Krüger von den Grausamkeiten des Krieges, der Sprachlosigkeit einer ganzen Generation und den wichtigsten Stationen seines bewegten Lebens. 1928 in Berlin geboren, wächst Hardy Krüger unter dem NS-Regime auf und spielt bereits mit 15 Jahren seine erste Filmrolle. Kurz vor Kriegsende muss der sechzehnjährige Krüger an die Front, wird wegen Befehlsverweigerung zum Tode verurteilt und überlebt nur knapp. Nach 1945 startet Krüger eine internationale Filmkarriere und spielt an der Seite von Weltstars wie Charles Aznavour, John Wayne und Sean Connery. Heute lebt er in Deutschland und Kalifornien und kämpft als Pendler zwischen allen Kontinenten gegen Rechtsextremismus und Fremdenfeindlichkeit.

»Diese 221 Seiten sind Krügers Vermächtnis.«
Bild